Elogios a
Continue a Comprar

"Este livro é a combinação ideal de reflexões ponderadas e práticas. Maggiulli não apenas utiliza evidências para orientar suas sugestões, mas também é um dos melhores em resumir aspectos importantes, apresentando ideias fáceis de entender e aplicar."

— **James Clear**, autor de *Hábitos Atômicos*, best-seller do *New York Times*

"Na primeira vez que li o livro de Nick Maggiulli, soube que ele tinha um talento especial. Há muitos bons cientistas de dados e muitos bons contadores de histórias. Mas poucos entendem os dados e conseguem contar uma história cativante sobre eles como Nick faz. Este livro é leitura obrigatória."

— **Morgan Housel**, autor do best-seller *A Psicologia Financeira*

"Nick Maggiulli adora desafiar a sabedoria convencional sobre como as pessoas devem gerenciar seu dinheiro. O resultado é um livro repleto de momentos reveladores e lições práticas. Como escritora de finanças pessoais, senti certa inveja ao ler este livro. Nick consegue abordar temas já batidos, como poupar e investir, de uma forma totalmente nova e até mesmo divertida."

— **Christine Benz**, diretora de finanças pessoais da Morningstar

"Nick tem um talento genuíno — enquanto usa evidências empíricas rigorosas para sustentar seus argumentos, ele consegue contar a história de tal maneira que prende a atenção do leitor e oferece conselhos práticos e úteis. Ele também tem a perspicácia necessária para desafiar antigas suposições sobre investimento, transformando os dados empíricos em uma história nova e interessante. Investidores, iniciantes e experientes, se beneficiarão da abordagem prática de Nick."

— **James O'Shaughnessy**, fundador e presidente da OSAM LLC; autor do best-seller *What Works on Wall Street*

CONTINUE A COMPRAR

MAIS SABEDORIA,
MAIS RIQUEZA

CONTINUE A COMPRAR

MANEIRAS COMPROVADAS DE POUPAR E ENRIQUECER

NICK MAGGIULLI

ALTA BOOKS
GRUPO EDITORIAL
Rio de Janeiro, 2023

Continue a Comprar

Copyright © 2023 STARLIN ALTA EDITORA E CONSULTORIA LTDA.

Copyright ©2022 Nick Maggiulli.

ISBN: 978-85-508-2257-0

Alta Books é uma Editora do Grupo Editorial Alta Books.

Translated from original Just Keep Buying. Copyright © 2022 by Harriman House. ISBN 978-0-85719-925-6. This translation is published and sold by Nick Maggiulli, the owner of all rights to publish and sell the same. PORTUGUESE language edition published by Starlin Alta Editora e Consultoria Eireli, Copyright © 2023 by STARLIN ALTA EDITORA E CONSULTORIA LTDA.

Impresso no Brasil – 1ª Edição, 2023 – Edição revisada conforme o Acordo Ortográfico da Língua Portuguesa de 2009.

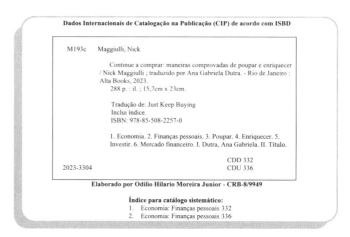

Todos os direitos estão reservados e protegidos por Lei. Nenhuma parte deste livro, sem autorização prévia por escrito da editora, poderá ser reproduzida ou transmitida. A violação dos Direitos Autorais é crime estabelecido na Lei nº 9.610/98 e com punição de acordo com o artigo 184 do Código Penal.

O conteúdo desta obra fora formulado exclusivamente pelo(s) autor(es).

Marcas Registradas: Todos os termos mencionados e reconhecidos como Marca Registrada e/ou Comercial são de responsabilidade de seus proprietários. A editora informa não estar associada a nenhum produto e/ou fornecedor apresentado no livro.

Material de apoio e erratas: Se parte integrante da obra e/ou por real necessidade, no site da editora o leitor encontrará os materiais de apoio (download), errata e/ou quaisquer outros conteúdos aplicáveis à obra. Acesse o site www.altabooks.com.br e procure pelo título do livro desejado para ter acesso ao conteúdo.

Suporte Técnico: A obra é comercializada na forma em que está, sem direito a suporte técnico ou orientação pessoal/exclusiva ao leitor.

A editora não se responsabiliza pela manutenção, atualização e idioma dos sites, programas, materiais complementares ou similares referidos pelos autores nesta obra.

Grupo Editorial Alta Books

Produção Editorial: Grupo Editorial Alta Books
Diretor Editorial: Anderson Vieira
Editor da Obra: José Ruggeri
Vendas Governamentais: Cristiane Mutüs
Gerência Comercial: Claudio Lima
Gerência Marketing: Andréa Guatiello

Produtor Editorial: Thiê Alves
Tradução: Ana Gabriela Dutra
Copidesque: Wendy Campos
Revisão: Kamila Wozniak; Denise Himpel
Diagramação: Joyce Matos

Rua Viúva Cláudio, 291 – Bairro Industrial do Jacaré
CEP: 20.970-031 – Rio de Janeiro (RJ)
Tels.: (21) 3278-8069 / 3278-8419
www.altabooks.com.br — altabooks@altabooks.com.br
Ouvidoria: ouvidoria@altabooks.com.br

AGRADECIMENTOS

MINHA VIDA TEM sido uma sequência de acontecimentos afortunados. A escrita de *Continue a Comprar* não foi diferente. Este livro não existiria sem a orientação de centenas de pessoas ao longo dos anos. Entre aquelas que foram particularmente solidárias, agradeço a:

Gherty Galace, por me inspirar a escrever há muito tempo.

Michael Batnick, por acreditar em mim antes de qualquer um.

Morgan Housel, por me mostrar o caminho sem dizer uma palavra.

Craig Pearce, por fornecer esclarecimento e confiança quando mais preciso.

Também gostaria de agradecer a Ben Carlson, James Clear, Carl Joseph-Black e Jim O'Shaughnessy pelos feedbacks inestimáveis. Um muito obrigado aos meus amigos incríveis, especialmente a turma de Boston (Justin, Tyler e Sam), pelo incentivo constante.

Agradeço às famílias Maggiulli e Montenegro. Dizem que é preciso uma aldeia para criar uma criança, e eu não estaria aqui sem meus aldeões. Amo todos vocês.

Por fim, agradeço a todos que já compartilharam ou apoiaram meu trabalho ao longo dos anos. Do fundo do meu coração, obrigado. Vocês não fazem ideia do que isso significa para mim.

SUMÁRIO

Como Aproveitar Este Livro	**xi**
Introdução	**1**
1. Por Onde Começar?	7
I. Poupar	**13**
2. Quanto Você Deve Poupar?	15
3. Como Poupar Mais	23
4. Como Gastar Dinheiro sem Culpa	39
5. Até que Ponto É Aceitável a Melhoria do Estilo de Vida?	47
6. Você Deve Se Endividar?	55
7. Alugar ou Comprar?	65
8. Como Poupar para um Valor de Entrada (e Outras Grandes Compras)	75
9. Quando É Possível Se Aposentar?	87

II. Investir — 97

10. Por que Investir?	99
11. Em que Investir?	109
12. Por que Não Comprar Ações Individuais	131
13. Quando Investir?	139
14. Por que Não Esperar para Comprar na Baixa	157
15. Por que Investir Depende da Sorte	171
16. Por que Não Temer a Volatilidade	181
17. Como Comprar Durante uma Crise	193
18. Quando Vender?	207
19. Onde Aplicar?	221
20. Por que Você Nunca Se Sentirá Rico	239
21. O Ativo Mais Importante	249

Conclusão: As Regras da Filosofia Continue a Comprar — **257**

Notas — **263**

Índice — **271**

COMO APROVEITAR ESTE LIVRO

ESCREVI ESTE LIVRO de modo a otimizar seu tempo. Embora possa lê-lo em ordem, você talvez ache mais útil pular para o capítulo que melhor se encaixa na sua atual jornada de enriquecimento.

O livro está dividido em duas seções — poupar e investir. A primeira abordará os aspectos mais importantes do tema em questão, incluindo *quanto* poupar, como poupar *mais*, como gastar dinheiro sem culpa etc. A segunda abordará várias facetas do tema em pauta, incluindo *por que* investir, *no que* investir, *com que frequência* investir etc.

Escrevi este livro dessa maneira para que você possa encontrar rapidamente as informações de que precisa e colocá-las em prática. Se você não necessita de ajuda para poupar dinheiro, pule o capítulo que trata desse assunto. Acredite, não vou me importar. Prefiro que você obtenha explicações valiosas em vez de desistir da leitura.

Por fim, para aqueles que desejam um resumo das principais ideias e aprendizados práticos, é possível encontrá-lo na conclusão deste livro.

INTRODUÇÃO

MEU FALECIDO AVÔ tinha um vício em apostas. Quando eu era criança, costumávamos ir à Feira do Condado de Los Angeles e assistir a puros-sangues com nomes como Magnificent Marks e Jail Break galoparem pela pista. Na época, eu considerava uma forma de entretenimento; porém, mais tarde, descobri que era uma luta constante para o meu avô.

Seu vício começou com corridas de cavalos, mas acabou progredindo para jogos de cartas. Blackjack. Bacará. Pai Gow. O que fosse, ele jogava. Eu nunca tinha ouvido falar de alguns desses jogos, mas meu avô os conhecia bem. E apostava como se não houvesse amanhã. Jogava US$25, US$50 e, às vezes, US$75 por mão. Quantias consideráveis de dinheiro desperdiçadas em jogos de cartas.

É preciso entender que meu avô era aposentado e, na época, morava com a mãe (minha bisavó). Era ela quem arcava com todos os custos de alimentação e moradia. Quando se aposentou, aos 55 anos, ele recebia US$1.000 por mês. Sete anos depois, começou a receber um adicional de US$1.200 por mês da Previdência Social.

No entanto, apesar da renda mensal de US$2.200 e quase nenhum gasto, meu avô faleceu em maio de 2019 sem qualquer patrimônio. Ao longo da aposentadoria de 26 anos, ele gastou tudo em apostas.

Mas e se meu avô tivesse investido apenas *metade* de sua renda mensal (dinheiro que apostaria de qualquer maneira) no mercado de ações dos EUA? O que teria acontecido?

Ele seria milionário.

Durante toda a aposentadoria, teria sido capaz de apostar metade do dinheiro e, ainda assim, enriquecer devido ao rendimento da outra metade investida em ações.

Isso seria verdade mesmo que parte considerável dos investimentos fosse feita durante uma das piores décadas da história do mercado de ações norte-americano (2000–2009). Não faria diferença. Ao investir continuamente, mês após mês, meu avô poderia ter enriquecido e compensado seus piores hábitos financeiros. Ainda que você não tenha um vício grave em jogos de azar, essa filosofia também pode enriquecê-lo.

Alguns anos antes do falecimento de meu avô, me deparei com essa ideia quase por acaso. Uma ideia que consiste em apenas três palavras. Uma ideia que pode propiciar riqueza.

Continue. A. Comprar.

Esse é o mantra que mudou minha vida.

Quando jovem, eu não tinha noção de riqueza ou de como construí-la. Não sabia que o substantivo "verão" poderia se transformar em verbo ("Eu *veraneio* nos Hamptons"). Não sabia o que eram dividendos. Para ser sincero, durante a maior parte da minha vida, achei que o Sizzler e o Red Lobster fossem restaurantes sofisticados.

Embora trabalhadores esforçados, meus pais abandonaram a faculdade e nunca aprenderam sobre investimentos. Como resultado, eu também não. Na verdade, apenas na faculdade realmente entendi o que era uma ação.

No entanto, aprender sobre investimentos não foi o bastante para resolver meus problemas financeiros. Porque, apesar de ter uma ótima educação, minha vida financeira após a faculdade estava repleta de incerteza e estresse. Eu questionava quase todas as minhas decisões.

INTRODUÇÃO

Em que devo investir?

Estou poupando o suficiente?

Devo comprar agora ou esperar?

O neuroticismo em relação ao dinheiro me acompanhou até meus 20 e poucos anos. Eu deveria me portar como um adulto, desenvolvendo minha carreira e assumindo o controle da minha vida. Entretanto, eu não conseguia silenciar aquela voz dentro da minha cabeça. A incerteza quanto ao dinheiro ainda me assombrava.

Então, comecei a ler tudo o que podia sobre dinheiro e investimentos. Vasculhei fóruns online, analisei todas as cartas da Berkshire Hathaway aos acionistas e perscrutei as notas de rodapé de livros complexos sobre história financeira. Essa pesquisa me ajudou, mas eu ainda me sentia inseguro sobre como agir.

Então, no início de 2017, decidi iniciar um blog sobre finanças pessoais e investimentos. Eu estava determinado a compreender esses assuntos.

Pouco tempo depois, acessei o YouTube e assisti a um vídeo de Casey Neistat que mudou toda a situação.

O vídeo, intitulado "3 words that got me to 3 MILLION SUBS", explicava como Neistat fez seu canal atingir 3 milhões de inscritos ao seguir o conselho de três palavras do YouTuber Roman Atwood — Continue. A. Publicar. Embora Neistat estivesse falando sobre o sucesso no YouTube, imediatamente percebi a conexão com investimentos e riqueza.

Semanas antes de assistir a esse vídeo, fiz algumas análises sobre o mercado de ações dos EUA e constatei algo significativo. Para enriquecer, não importava *quando* as ações eram compradas; o importante era apenas comprá-las e continuar comprando. Não importava se as avaliações eram boas ou ruins. Não importava se era um mercado de alta ou de baixa. Tudo o que importava era a compra contínua.

Ao unir essa percepção ao conselho seguido por Neistat, criei a Continue a Comprar, uma filosofia que pode transformar suas finanças... se você permitir.

Estou falando da compra contínua de um conjunto diversificado de ativos geradores de renda, ou seja, ativos dos quais você espera obter rendimentos no futuro, mesmo que não sejam pagos diretamente a você — ações, títulos, imóveis etc. No entanto, as especificidades da estratégia não são extremamente importantes.

Não se trata de *quando, quanto* ou *o que* comprar — apenas de continuar comprando. A ideia parece simples porque é simples. Adquira o hábito de investir seu dinheiro assim como você adquiriu o hábito de pagar o aluguel ou o financiamento imobiliário. Faça investimentos com a mesma frequência com que compra comida.

Formalmente, essa abordagem é conhecida como média do custo em dólar (DCA, na sigla em inglês), ou a compra regular de um ativo ao longo do tempo. A única diferença entre a DCA e a Continue a Comprar é que a segunda inclui a motivação psicológica.

Ela é uma abordagem de investimento *agressiva* que lhe permitirá enriquecer com facilidade. Pense nela como uma bola de neve rolando colina abaixo. Continue a comprar e observe a bola crescer.

Na verdade, seguir essa abordagem é mais fácil hoje do que em qualquer momento da história.

Por quê?

Porque, se você tivesse seguido esse conselho há apenas duas décadas, teria acumulado consideráveis taxas e custos de transação ao longo do caminho. Com US$8 por negociação na década de 1990, a Continue a Comprar teria se tornado muito cara, bem rápido.

Mas, desde então, a situação mudou. Com a negociação gratuita em muitas das principais plataformas de investimento, o aumento da propriedade de ações fracionadas e a disponibilidade de diversificação barata, a Continue a Comprar tem uma vantagem inédita.

Hoje, você pode comprar uma única ação de um fundo de índice S&P 500 e ter cada pessoa em todas as grandes empresas de capital aberto dos EUA trabalhando para enriquecê-lo.[1] E, se você comprar fundos de índice internacionais, o restante do mundo (ou a maioria dele) também estará trabalhando para você.

Por uma quantia ínfima, você pode possuir uma pequena parcela do futuro crescimento econômico de grande parte da civilização humana. Um crescimento econômico que o fará enriquecer por décadas. Não é apenas a minha opinião; esse cenário é respaldado por mais de um século de dados que transcendem a geografia e a classe de ativos.

$ $ $ $ $

Claro, a Continue a Comprar é somente o começo de sua jornada financeira. Apesar de ser uma abordagem simples, sei que ela não é suficiente para responder a todas as perguntas que surgirão ao longo do caminho. É por isso que escrevi este livro.

Nas páginas a seguir, responderei a algumas das perguntas mais frequentes sobre finanças pessoais e investimentos. Cada capítulo aprofundará um assunto e fornecerá orientações práticas que você pode aplicar em sua vida financeira imediatamente.

Mais importante ainda, as respostas a essas perguntas serão baseadas em dados e evidências, e não em crenças e suposições. Isso significa que algumas das minhas conclusões contrariarão o aconselhamento financeiro convencional, podendo até ser chocantes.

Por exemplo, nas páginas a seguir, explicarei:

- Por que você precisa poupar menos do que pensa.
- Por que a dívida do cartão de crédito nem sempre é ruim.
- Por que juntar dinheiro para comprar na baixa não é uma boa ideia.
- Por que você não deve comprar ações individuais — e por que isso não tem nada a ver com baixo desempenho.
- Por que uma grande correção de mercado geralmente é uma boa oportunidade de compra.

E muito mais.

Meu objetivo não é ser controverso, mas usar os dados para buscar a verdade, onde quer que ela esteja.

Em última análise, *Continue a Comprar* é um livro que ilustra as maneiras comprovadas de poupar e enriquecer. Ao seguir as estratégias propostas, você aprenderá como agir de forma mais inteligente e viver com mais abundância.

A primeira pergunta é: "Por onde começar?" No primeiro capítulo, demonstrarei se você deve se concentrar em poupar ou investir com base na sua atual situação financeira.

1.

POR ONDE COMEÇAR?

Por que poupar é para os pobres e investir é para os ricos

AOS 23 ANOS, eu achava que sabia o segredo para enriquecer. Pagar poucas taxas. Diversificar. Investir a longo prazo. Várias vezes, ouvi esse tipo de conselho de lendas dos investimentos, como Warren Buffett, William Bernstein e o falecido Jack Bogle. Embora não estivessem incorretas, essas orientações me fizeram focar aspectos errados da minha situação financeira como recém-graduado.

Na época, apesar de ter apenas US$1.000 na minha conta de aposentadoria, passei centenas de horas analisando minhas decisões de investimento ao longo do ano seguinte. Eu preenchia planilhas no Excel com projeções de patrimônio líquido e retornos esperados. Verificava o saldo da minha conta diariamente. Questionava minha alocação de ativos a ponto de ficar neurótico.

Deveria investir 15% ou 20% do meu dinheiro em títulos? Por que não 10%?

Eu estava completamente confuso. Dizem que a obsessão move os jovens. Descobri essa verdade da pior forma possível.

CONTINUE A COMPRAR

Entretanto, apesar da intensa fixação nos meus investimentos, eu não dedicava tempo algum a analisar minha renda ou meus gastos. Frequentemente saía para jantar com colegas de trabalho, pagava várias rodadas de bebidas e voltava para casa de Uber. Gastar US$100 em uma noite era fácil em São Francisco, onde eu morava na época.

Pense no quão imprudente era esse comportamento. Com apenas US$1.000 em ativos investíveis, mesmo um retorno anual de 10% me renderia somente US$100. No entanto, eu gastava esses mesmos US$100 todas as vezes que saía com amigos! Jantar + bebidas + transporte, e os retornos de investimento de um ano inteiro (um bom ano) desapareciam.

Abrir mão de apenas *uma noite* de diversão em São Francisco representava o mesmo rendimento de um ano inteiro de investimentos naquela época. Você consegue entender por que as minhas prioridades financeiras eram equivocadas? Qualquer conselho de Buffett, Bogle e Bernstein não faria diferença.

Compare essa situação com a de alguém que possui $10 milhões em ativos investíveis. Se essa pessoa sofrer uma queda de apenas 10% em seu portfólio, ela perderá $1 milhão. É possível poupar $1 milhão em um ano? Altamente improvável. A menos que a pessoa tenha uma renda muito alta, suas economias anuais não podem competir com as oscilações regulares no portfólio de investimentos. É por isso que alguém que possui $10 milhões precisa dedicar muito mais tempo às escolhas de investimento do que alguém que tem apenas $1.000.

Esses exemplos demonstram que o foco depende da situação financeira. Se você não possui muitos recursos investidos, então deve se concentrar em aumentar suas economias (e investi-las). No entanto, se você já tem um portfólio considerável, deve se dedicar mais aos detalhes do seu plano de investimento.

Em resumo: poupar é para os pobres e investir é para os ricos.

Não interprete essa afirmação de forma literal. Utilizo os termos "pobre" e "rico" tanto em sentido absoluto quanto relativo. Por exemplo, como recém-formado festejando em São Francisco, eu certamente não era pobre em termos absolutos, mas era pobre *em relação ao meu futuro eu*.

POR ONDE COMEÇAR?

Ao adotar essa mentalidade, fica mais fácil compreender por que poupar é para os pobres e investir é para os ricos.

Se eu tivesse essa perspectiva aos 23 anos, teria dedicado mais tempo ao desenvolvimento de carreira e ao aumento de renda, em vez de questionar minhas decisões financeiras. Com economias maiores, eu poderia aperfeiçoar meu portfólio de investimentos.

$ $ $ $ $

Como saber em que ponto você está no que eu chamo de ciclo Poupar-Investir? Use este cálculo simples como guia.

Primeiro, defina quanto você espera poupar confortavelmente no ano seguinte. Digo "confortavelmente", pois deve ser uma quantia fácil de atingir. Chamaremos esse total de *economias esperadas*. Por exemplo, se você espera poupar $1.000 por mês, suas economias esperadas seriam de $12 mil por ano.

Em seguida, determine quanto você espera que seus investimentos rendam no ano seguinte. Por exemplo, se você possui $10 mil em ativos investíveis e espera um retorno de 10%, sua expectativa é de $1.000. Chamaremos esse retorno de *rendimento esperado*.

Por fim, compare os dois números e veja qual é maior — as *economias esperadas* ou o *rendimento esperado*?

Se as *economias esperadas* forem maiores, concentre-se em poupar dinheiro para só então adicionar aos investimentos. No entanto, se o *rendimento esperado* for maior, reserve mais tempo para pensar em como investir o que você já possui. Se os números estiverem próximos, dedique-se a ambos.

Independentemente de onde estiver na sua jornada financeira, o foco deve mudar das economias para os investimentos à medida que você envelhece. Para ilustrar, considere alguém que trabalha por 40 anos, poupando $10 mil anualmente e obtendo um retorno anual de 5%.

Após um ano, essa pessoa terá investido $10 mil e obtido um retorno de $500. Nesse ponto, a mudança anual na riqueza proveniente das economias ($10 mil) é vinte vezes *maior* do que a mudança anual na riqueza proveniente dos investimentos ($500).

Agora, avancemos trinta anos. A essa altura, a pessoa terá um patrimônio total de $623.227 e um rendimento de $31.161 no ano seguinte (com o mesmo retorno anual de 5%). Nesse cenário, a mudança anual na riqueza proveniente das economias ($10 mil) é três vezes *menor* do que a mudança anual na riqueza proveniente dos investimentos ($31.161).

Você pode visualizar essa transição no gráfico a seguir, que mostra a mudança anual na riqueza dividida por tipo.

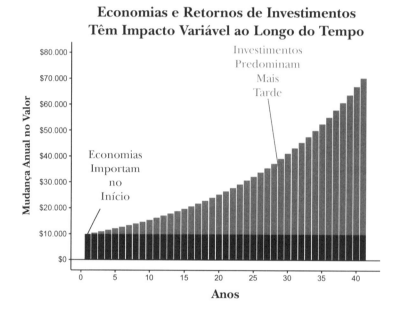

Como é possível constatar, nas primeiras décadas de trabalho, a maioria da mudança anual na riqueza é gerada pelas economias anuais (a barra mais escura). No entanto, nas últimas décadas, são os investimentos (a barra mais clara) que contribuem mais para o rendimento anual.

A transição é tão acentuada que, ao fim da vida profissional, quase 70% da riqueza total provêm dos ganhos de investimento, e não das contribuições anuais!

É por isso que o ciclo Poupar-Investir é tão importante para determinar de onde seu foco financeiro obterá o melhor retorno.

Nos extremos, a situação é óbvia. Se você não tem ativos investíveis, deve se concentrar em poupar. Se você está aposentado e não pode trabalhar, deve dedicar mais tempo aos investimentos.

Para o restante das pessoas, definir o foco é um pouco mais difícil. É por isso que este livro possui duas partes: poupar (a primeira etapa do ciclo) e investir (a segunda etapa do ciclo).

Para começar, analisemos a forma adequada de refletir sobre as economias.

I.

POUPAR

2.

QUANTO VOCÊ DEVE POUPAR?

Provavelmente menos do que pensa

S E ALGUM DIA você for pescar nos rios do sul do Alasca, verá centenas de trutas Dolly Varden nadando nas águas cristalinas. O que você não verá é muito alimento disponível para elas. Bem, pelo menos na maior parte do ano. Mas, a partir do início do verão, os salmões aparecem.

Assim que encontram as presas cheias de ovas, as trutas entram em um frenesi voraz de alimentação que deixa seu estômago prestes a explodir.

"Elas são obcecadas por ovas", afirma Jonny Armstrong, pesquisador associado de conservação na Universidade de Wyoming. "Para se empanturrar, elas brigam ferozmente com os salmões."

Quando os salmões vão embora, muitas das trutas permanecem, mesmo sem uma fonte de alimento constante. "Se você fizer os cálculos de energia e considerar a quantidade de alimento na bacia hidrográfica durante a maior parte do ano, perceberá que elas não conseguiriam sobreviver lá por todo esse período", explica Armstrong. "Mas conseguem."

Como as trutas suportam tais condições? Armstrong e seu colega Morgan Bond constataram que, quando o alimento é escasso, elas retraem o trato digestivo para usar menos energia. Com a chegada dos salmões, seus órgãos digestivos aumentam até o dobro do tamanho normal.[2]

Em biologia, esse conceito é chamado de *plasticidade fenotípica*, a capacidade de um organismo alterar sua fisiologia em resposta ao ambiente. A plasticidade fenotípica não é apenas útil para entender como plantas, aves e peixes se adaptam às circunstâncias — ela também pode ser útil para definir quanto dinheiro você deve poupar.

O Problema da Maioria dos Conselhos para Poupar

Ao pesquisar "quanto devo poupar" no Google, você obtém inúmeros resultados. Na maioria deles, o tipo de conselho é:

"Poupe 20% da sua renda."

"Suas economias devem incluir 10% da sua renda, mas aumente para 20% e, então, 30%."

"Aos 30 anos de idade, poupe 1x a sua renda; aos 35, 2x a sua renda; aos 40, 3x a sua renda."

Esses artigos compartilham as mesmas suposições falhas. Primeiro, eles presumem que a renda é relativamente estável ao longo do tempo. Segundo, pressupõem que as pessoas em todos os níveis de renda têm a capacidade de poupar na mesma proporção. Ambas as suposições foram refutadas por pesquisas acadêmicas.

Em primeiro lugar, os dados do Painel de Estudo de Dinâmica de Renda (PSID, na sigla em inglês) sugerem que as rendas estão se tornando menos, não mais, estáveis ao longo do tempo. Pesquisadores que utilizaram esses dados constataram que, de 1968 a 2005, "as tendências estimadas na volatilidade da renda familiar mostram um aumento de 25% a 50%".[3]

Faz sentido, pois a mudança gradual de renda única para duas rendas nas famílias significa que a preocupação não é mais a possibilidade de uma pessoa perder o emprego, mas, sim, duas.

Em segundo lugar, o maior determinante do percentual de economias de um indivíduo é o nível de sua renda. Esse fato tem sido amplamente estabelecido na literatura financeira.

Por exemplo, pesquisadores do Federal Reserve e do Departamento Nacional de Pesquisa Econômica estimaram que, anualmente, os assalariados nos 20% de menor renda pouparam 1%, enquanto os assalariados nos 20% de maior renda pouparam 24%.

Além disso, as estimativas mostram que, a cada ano, aqueles que estão entre os 5% mais bem remunerados pouparam 37%, enquanto os que estão entre o 1% mais bem remunerado pouparam 51% de sua renda.[4]

De modo semelhante, dois economistas da UC Berkeley descobriram que os percentuais de economias estavam *positivamente correlacionados com a riqueza* em cada década da história dos EUA, de 1910 a 2010, com exceção da década de 1930.[5]

É por isso que regras para poupar, tais como "poupe 20% da sua renda", são tão equivocadas. Elas não apenas ignoram as oscilações na renda, mas também presumem que todos podem poupar na mesma proporção, o que é empiricamente falso.

É nesse ponto que entram as trutas Dolly Varden e a plasticidade fenotípica. Em vez de consumir o mesmo número de calorias o ano todo, as trutas alteram sua ingestão calórica (e seu metabolismo) com base na quantidade de alimento disponível.

É preciso seguir o exemplo quando se trata de poupar dinheiro.

Se temos a capacidade de poupar mais, devemos fazê-lo — do contrário, devemos poupar menos. Não precisamos de regras estáticas e imutáveis, afinal, nossas finanças raramente são estáticas e imutáveis.

Vivenciei esse aspecto após meu percentual de economias cair de 40%, quando morava em Boston, para apenas 4%, durante meu primeiro ano em Nova York. Meu percentual de economias despencou, pois mudei de carreira e parei de morar com colegas de quarto. Se eu tivesse me comprometido a sempre poupar 20% da minha renda, teria sido absolutamente infeliz durante o primeiro ano em Nova York. E não se pode viver desse jeito.

Por isso, o melhor conselho é: **poupe o que puder.**

CONTINUE A COMPRAR

Se você seguir esse conselho, sentirá muito menos estresse e muito mais felicidade. Sei disso porque as pessoas já se preocupam o bastante com dinheiro. De acordo com a Associação Americana de Psicologia, "independentemente do clima econômico, o dinheiro tem ocupado o topo da lista de estressores dos norte-americanos desde a primeira pesquisa Stress in America™, realizada em 2007".[6]

E um dos estressores financeiros mais comuns é a preocupação de não estar poupando o suficiente. Como observado pela Northwestern Mutual em seu Estudo de Planejamento e Progresso de 2018, 48% dos adultos nos EUA experimentaram ansiedade "grave" ou "moderada" em relação ao seu nível de economias.[7]

De fato, os dados revelam que as pessoas estão preocupadas com o quanto conseguem poupar. Infelizmente, o *estresse* em torno de não poupar o bastante parece ser mais prejudicial do que o ato em si. Como confirmado por pesquisadores do Instituto Brookings, que analisaram os dados da Gallup: "Os efeitos negativos do estresse sobrepujam os efeitos positivos da renda ou da saúde em geral."[8]

Ou seja, poupar mais só é benéfico se você conseguir fazê-lo *sem estresse*. Caso contrário, é provável que seja prejudicial.

Sou uma prova viva, pois, quando parei de poupar dinheiro com base em uma regra arbitrária, me livrei da obsessão por minhas finanças. Como *poupo o que posso*, consigo desfrutar do meu dinheiro em vez de questionar todas as minhas decisões financeiras.

Se você deseja passar por uma transformação semelhante, primeiro precisa definir quanto pode poupar.

Determinando Quanto Você Pode Poupar

Para descobrir quanto você pode poupar, basta resolver esta simples equação:

Economias = Renda - Gastos

Se você subtrair o que gasta da quantia que ganha, o valor restante são suas economias. Isso significa que você só precisa de dois números para resolver essa equação:

1. Sua renda
2. Seus gastos

Recomendo calcular esses números mensalmente, considerando a quantidade de eventos financeiros mensais (por exemplo, salário, aluguel/financiamento imobiliário, assinaturas etc.).

Por exemplo, se você recebe $2 mil duas vezes por mês (após impostos), sua renda mensal é de $4 mil. E, se você gasta $3 mil por mês, então suas economias mensais totalizam $1.000.

Para a maioria das pessoas, calcular a renda é fácil, mas calcular os gastos é difícil, já que eles tendem a oscilar mais.

Em um mundo ideal, eu pediria para você determinar cada centavo que gasta, mas sei o quão trabalhoso isso é. Sempre que um livro me dizia para calcular meus gastos exatos, eu o ignorava. Presumindo que você faria o mesmo, apresentarei uma abordagem muito mais simples.

Em vez de calcular cada centavo que gasta, defina seus gastos *fixos* e estime o restante. Os gastos fixos são os gastos mensais que não mudam — aluguel/financiamento imobiliário, internet/TV a cabo, serviços de assinatura, parcela do carro etc.

Após somar todos esses números, você chegará ao valor mensal de gastos fixos. Em seguida, estime os gastos variáveis. Por exemplo, se você vai ao supermercado uma vez por semana e gasta cerca de $100, considere $400 como estimativa mensal de alimentação. Faça o mesmo para refeições fora de casa, viagens etc.

Outra tática que me ajuda a estimar melhor os gastos variáveis é passar todos eles no *mesmo* cartão de crédito (que pago integralmente no final do mês). Isso restringe os programas de recompensa, mas facilita o acompanhamento dos gastos.

Seja qual for a sua decisão, ao final desse processo, você terá uma ideia de quanto pode poupar.

Recomendo essa abordagem, pois é muito fácil perder o rumo em decorrência da preocupação de não ter dinheiro suficiente. Por exemplo, se você perguntar a mil adultos norte-americanos "Quanto dinheiro é necessário para ser rico?", eles responderão "$2,3 milhões".[9] Mas, se você fizer a mesma pergunta a mil milionários (famílias com pelo menos $1 milhão em ativos investíveis), o número aumenta para $7,5 milhões.[10]

Apesar de enriquecermos, sentimos que não temos o bastante. Sempre achamos que *poderíamos* ou *deveríamos* poupar mais. Porém, ao analisar os dados, é possível encontrar uma história completamente diferente — talvez você já esteja poupando demais.

Por que Você Precisa Poupar Menos do que Pensa

Uma das maiores preocupações dos novos aposentados é ficar sem dinheiro. Mas, na verdade, há evidências contundentes de que acontece o oposto — os aposentados não gastam o bastante.

Como pesquisadores da Universidade de Tecnologia do Texas afirmaram: "Em vez do gasto de economias durante a aposentadoria, muitos estudos constataram que o valor dos ativos financeiros de aposentados se manteve estável ou mesmo aumentou ao longo do tempo."[11] Segundo os autores, isso ocorre porque muitos aposentados não gastam mais do que a renda anual proveniente de Previdência Social, pensões e investimentos. Como resultado, eles nunca reduzem o principal de seu portfólio e, portanto, sua riqueza costuma *aumentar* com o tempo.

Essa é uma verdade mesmo com as regras de Distribuição Mínima Obrigatória (RMD, na sigla em inglês), que forçam os aposentados a resgatar parte de seus ativos. Como os pesquisadores concluíram: "É uma evidência de que os aposentados usam as distribuições obrigatórias para reinvestir em outros ativos financeiros."

Qual é a porcentagem de aposentados que, *de fato*, reduz seus ativos em determinado ano? Apenas cerca de um em cada sete. Conforme relatado pelo Instituto Investments & Wealth: "Em todos os níveis de riqueza,

58% dos aposentados resgatam menos do que seu portfólio rende, 26% retiram até o valor do rendimento e 14% sacam o principal."[12]

O resultado desse comportamento é uma considerável herança em dinheiro. De acordo com um estudo da United Income: "O aposentado médio deixa $296 mil em riqueza líquida ao falecer aos 60 anos; $313 mil aos 70; $315 mil aos 80; e $238 mil aos 90."[13]

Esses dados sugerem que, para os aposentados, o *medo* de ficar sem dinheiro é uma ameaça maior do que de fato ficar sem dinheiro. Claro, é possível que os futuros aposentados tenham muito menos riqueza e renda do que os aposentados atuais, mas os dados também não parecem corroborar essa ideia.

Por exemplo, com base nas estatísticas do Federal Reserve, os *millennials* têm uma riqueza per capita semelhante à da geração X, que tem uma riqueza per capita semelhante à dos *baby boomers na mesma idade* e após o ajuste pela inflação.[14]

Como ilustra o gráfico a seguir, a riqueza per capita dessas gerações parece seguir uma trajetória similar ao longo do tempo.

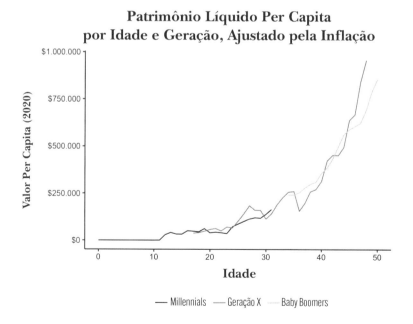

CONTINUE A COMPRAR

É uma evidência de que, no total, os *millennials* não parecem enriquecer em um ritmo mais lento do que as gerações anteriores. Claro, há questões relacionadas à distribuição dessa riqueza e à quantidade de dívidas que alguns *millennials* possuem, mas a história geral não é tão terrível quanto a mídia costuma retratar.

Em relação à Previdência Social, a situação também não é tão sombria quanto parece. Embora 77% dos trabalhadores acreditem que a Previdência Social não estará disponível quando eles chegarem à aposentadoria, a completa eliminação dos benefícios parece improvável.[15]

Em abril de 2020, o relatório sobre o Status Atuarial do Fundo Fiduciário da Previdência Social concluiu que haveria receita suficiente para pagar "79% dos benefícios programados" mesmo depois que o Fundo Fiduciário se esgotasse, por volta de 2035.[16]

Isso significa que os futuros aposentados ainda devem receber cerca de 80% dos benefícios estimados se os EUA continuarem no curso atual. Não é o resultado ideal, mas é bem melhor do que muitos imaginaram.

Considerando a pesquisa empírica, o risco de ficar sem dinheiro permanece baixo para vários aposentados atuais e futuros. É por isso que as respostas importantes para a pergunta "Quanto você deve poupar?" são: "Provavelmente menos do que pensa" e "Poupe o que puder".

No entanto, para aqueles que precisam poupar mais, sugiro a leitura do próximo capítulo.

3.

COMO POUPAR MAIS

A maior mentira em finanças pessoais

A SABEDORIA CONVENCIONAL EM saúde pública atribui o aumento da obesidade no mundo ocidental a dois fatores: dieta inadequada e falta de exercício. Segundo a teoria, além de consumirmos alimentos mais calóricos com maior frequência, ao ficar sentados em nossas mesas, queimamos menos calorias do que nossos ancestrais caçadores-coletores.

Mas, quando os antropólogos estudaram o gasto energético diário dos hadza, caçadores-coletores que vivem no norte da Tanzânia, sua descoberta foi surpreendente. Sim, os hadza faziam muito mais atividade física do que um ocidental típico. Entre os homens que caçavam animais grandes e derrubavam árvores e as mulheres que coletavam alimentos e escavavam solos rochosos, o estilo de vida deles era bastante ativo.

No entanto, esse esforço físico não se traduziu em maior gasto energético diário. Na verdade, após avaliar o tamanho corporal, constatou-se que os hadza queimavam quase a mesma quantidade de calorias que seus colegas sedentários nos EUA e na Europa.[17]

Essa pesquisa sugere que, ao longo do tempo, o corpo humano ajustará o gasto energético total com base na atividade física. Então, se você começar a correr 2km todos os dias, queimará mais calorias inicialmente, mas depois essa queima estabilizará. Seu corpo acabará se adaptando a essa mudança de esforço físico e ajustará o gasto energético de acordo.

Essa adaptação está documentada na literatura científica há décadas. Por exemplo, uma revisão de todos os estudos sobre exercício e perda de gordura de 1966 a 2000 constatou que o aumento de atividade física acarretou maior perda de gordura em *curto prazo*. No entanto, "nenhuma relação desse tipo foi observada nos resultados dos estudos de longo prazo".[18]

Isso sugere que, apesar dos muitos benefícios comprovados para a saúde, o efeito do exercício na perda de peso parece ser limitado pela evolução humana. Embora a atividade física possa ter um impacto moderado no peso, as mudanças na dieta parecem ser mais importantes.

Semelhante ao debate dieta versus exercício na comunidade de perda de peso, há um debate bilateral na comunidade de finanças pessoais sobre como poupar mais dinheiro. Um lado acredita que você deve se concentrar rigorosamente no *controle de gastos*, enquanto o outro afirma que você deve focar o *aumento de renda*.

Por exemplo, o lado do controle de gastos pode alegar que fazer seu café em casa (em vez de comprá-lo na Starbucks) é um jeito de poupar até $1 milhão ao longo da vida. O lado do aumento de renda, por sua vez, pode argumentar que é muito mais fácil obter dinheiro extra com um trabalho paralelo do que questionar cada decisão de gastos.

Tecnicamente, ambos os lados estão corretos. Voltando à equação do capítulo anterior, as economias são calculadas da seguinte forma:

Economias = Renda - Gastos

Portanto, para *melhorar* as economias, você precisa aumentar a renda, diminuir os gastos ou ambos.

Mas um dos lados está mais correto?

Os dados sugerem que sim. Semelhante ao efeito do exercício na perda de peso, o corte de gastos parece ter limitações inerentes quando se trata de poupar mais dinheiro.

Para ilustrar, analisemos a Pesquisa de Despesas do Consumidor, que resume quanto as famílias norte-americanas gastam em diversas categorias. Após dividir esses dados em cinco grupos (quintis) com base na renda, é possível perceber que o corte de gastos não é uma opção viável para ajudar muitas famílias a poupar dinheiro.

Por exemplo, se considerarmos a quantidade de renda *após impostos* que os 20% de famílias com menor remuneração gastam em alimentação, moradia, saúde e transporte, é evidente que não dá para suprir nem mesmo as necessidades básicas.

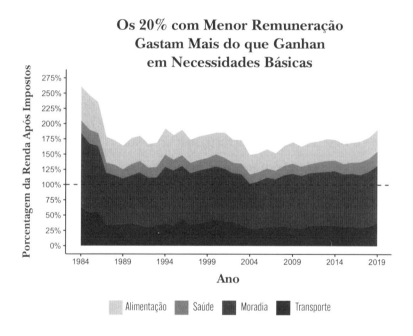

Em 1984, os 20% de famílias com menor remuneração gastavam mais de 100% da renda nessas quatro categorias, que não incluem gastos com educação, vestuário ou qualquer forma de entretenimento. Apenas as necessidades básicas consomem e ultrapassam toda a renda.

Considerando que a renda média anual após impostos dos 20% de famílias com menor remuneração nos EUA era de US$12.236 em 2019, elas tinham apenas cerca de US$1.020 para gastar por mês. Entretanto,

CONTINUE A COMPRAR

no mesmo ano, o gasto médio *mensal* em alimentação, saúde, moradia e transporte era de US$1.947.

Se dividirmos esse número por categoria, percebemos que as famílias gastam os seguintes valores a cada mês:

- Alimentação: US$367
- Saúde: US$238
- Moradia: US$960
- Transporte: US$382

Se você considera algum desses valores excessivo, como poderiam ser feitos cortes razoáveis? Sinceramente, não vejo muita saída.

Lembre-se de que, por mês, essas famílias ganham apenas US$1.020 e gastam US$1.947 (em média). Isso significa que, para poupar dinheiro, elas precisariam cortar metade dos gastos! Não parece realista, especialmente se considerarmos o nível de gastos já baixo.

Mas essa lógica também se aplica às famílias acima dos 20% com menor remuneração. Por exemplo, se observarmos os 20% seguintes (do 20º ao 40º percentil de famílias norte-americanas), encontraremos uma história semelhante.

Embora essas famílias ganhassem US$32.945 após impostos em 2019 — quase três vezes mais do que os 20% com menor remuneração —, elas gastavam quase tudo em necessidades básicas.

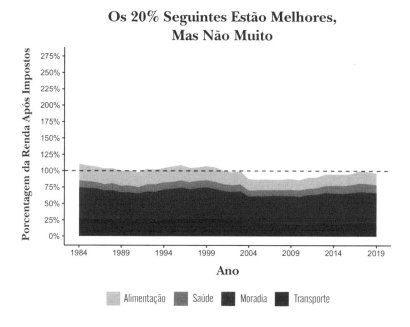

Mais uma vez, as necessidades básicas consomem a maior parte da renda. No entanto, quando analisamos o *nível absoluto* de gastos dessas famílias, um padrão começa a surgir.

Embora a renda média das famílias do 20º ao 40º percentil seja quase 200% maior do que a renda média dos 20% com menor remuneração, seus gastos totais são apenas 40% maiores. Isso ilustra um ponto fundamental no debate sobre corte de gastos versus aumento de renda:

Aumentos na renda não implicam aumentos similares nos gastos.

Claro, talvez você conheça alguém que tem renda alta e gasta tudo. Não estou dizendo que essas pessoas não existem. O ponto importante é que os dados sugerem que esses indivíduos são a *exceção* à regra. Em geral, as famílias com remuneração mais alta gastam uma porcentagem menor de sua renda do que as famílias com remuneração mais baixa.

Podemos perceber melhor esse aspecto ao analisar os 20% de famílias com *maior* remuneração. Em 2019, elas ganhavam US$174.777 por ano após impostos, mas gastavam apenas cerca de metade desse valor em alimentação, saúde, moradia e transporte.

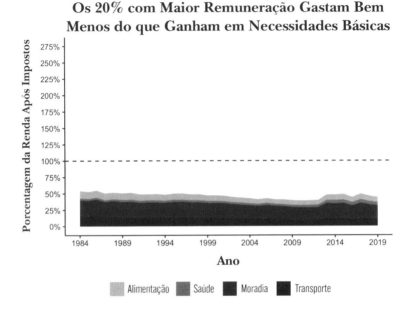

Em comparação aos 20% com menor remuneração, os 20% com maior remuneração gastaram 3,3 vezes mais em necessidades básicas, mas tiveram uma renda após impostos quatorze vezes maior!

Por que os gastos não aumentam proporcionalmente à renda? Por causa de algo que os economistas chamam de *utilidade marginal decrescente*. É um jargão, mas seu significado é simples — cada unidade adicional de consumo traz menos benefícios do que a unidade anterior.

Pessoalmente, eu chamo de *lei do estômago*.

Imagine que você está com fome e desejando muito uma pizza. A primeira fatia será incrível. A partir da primeira mordida, você experimentará uma explosão de sabores que enviará sinais de prazer diretamente ao seu cérebro. Comparado a nenhuma fatia, comer uma única fatia de pizza é maravilhoso.

Mas então você comerá a segunda fatia. Sim, ainda será muito bom, mas não melhor do que a sensação de passar de zero fatias para uma fatia. O mesmo se aplica à terceira fatia de pizza quando comparada à segunda, e assim por diante.

Cada fatia adicional proporcionará menos prazer do que a fatia anterior. E, em algum momento, você estará tão empanturrado que comer outra fatia de pizza o fará se sentir pior.

O mesmo acontece quando se trata de gastar dinheiro. Sua renda pode aumentar em um fator de dez, mas é improvável que você gaste dez vezes mais em alimentação, moradia ou qualquer outra necessidade básica. Mesmo que você aumente a qualidade da alimentação e da moradia, é improvável que elas custem dez vezes mais.

É por isso que poupar dinheiro é muito mais fácil para as famílias com maior remuneração — seus gastos com necessidades básicas representam um percentual mais baixo em relação à renda do que os das famílias com menor remuneração.

No entanto, grande parte da mídia financeira convencional não reconhece esse fato. Em vez disso, continua a perpetuar a mesma mentira sobre como poupar mais e enriquecer.

A Maior Mentira em Finanças Pessoais

Leia artigos de finanças pessoais e você encontrará inúmeros conselhos sobre como ficar rico ou se aposentar cedo. Esses artigos falarão sobre adotar a mentalidade adequada, estabelecer metas e seguir um sistema, mas o que não contarão é como os autores *realmente* enriqueceram.

Se você perscrutar cada um desses artigos, descobrirá que o verdadeiro modo pelo qual eles enriqueceram foi ter alta renda, gastos absurdamente baixos ou ambos.

Sim, você pode se aposentar aos 35 anos se morar em um trailer.

Sim, você pode ficar rico se trabalhar como banqueiro de investimentos por mais de uma década.

Mas, não, você não pode alcançar nenhum desses objetivos apenas mudando a mentalidade. A verdade é que o controle de gastos ou a definição de metas não é capaz de compensar fundos insuficientes.

Após analisar a Pesquisa de Despesas do Consumidor, é difícil argumentar o contrário. Sim, uma porcentagem das famílias norte-americanas não tem conhecimento, hábitos ou estrutura mental para melhorar sua situação financeira. É fácil pensar em alguns exemplos.

Porém, reitero: essas pessoas são a *exceção*, não a regra. Embora existam muitos indivíduos com problemas financeiros causados pelas próprias ações, há também vários outros com bons hábitos financeiros que não têm renda suficiente para melhorar suas finanças.

Pesquisas empíricas do mundo todo corroboram essa questão. Por exemplo, pesquisadores da London School of Economics publicaram um artigo intitulado "Why Do People Stay Poor?", demonstrando como a falta de riqueza inicial (e não de motivação ou talento) é o que mantém as pessoas na pobreza.

Os pesquisadores testaram essa hipótese ao distribuir riqueza aleatoriamente (por exemplo, na forma de gado) para aldeãs em Bangladesh e ao observar como essa transferência de riqueza afetaria suas finanças futuras. Conforme declara o artigo:

> "[Nós] constatamos que, se o programa coloca os indivíduos acima de um nível mínimo de ativos iniciais, eles saem da pobreza; do contrário, retornam à pobreza… Segundo as descobertas, grandes transferências únicas que propiciam ocupações mais produtivas podem ajudar a aliviar a pobreza persistente."[19]

O artigo evidencia o fato de que muitas pessoas permanecem pobres não por causa de motivação/talento, mas porque têm empregos mal remunerados dos quais *dependem* para sobreviver.

Em essência, elas estão presas em uma armadilha de pobreza, na qual a falta de dinheiro as impede de obter qualificação ou capital para conseguir empregos mais bem remunerados. Você pode ser cético em relação a essas descobertas, mas aspectos semelhantes foram constatados por pesquisadores experimentais que realizaram transferências aleatórias de dinheiro no Quênia.[20]

Por isso, a maior mentira em finanças pessoais é que é possível enriquecer ao simplesmente cortar gastos.

E a mídia financeira promove essa mentira, dizendo que poupar $5 por dia em café pode torná-lo milionário. No entanto, esses mesmos especialistas convenientemente se esquecem de mencionar que isso só é possível se você obtiver retornos anualizados de 12% em seus investimentos (bem acima da média do mercado de 8% a 10% ao ano).

E, mesmo se você obtivesse retornos anualizados de 12%, precisaria manter um portfólio 100% de ações e não entrar em pânico por *décadas*. Mais fácil falar do que fazer.

Essa é a mesma mídia financeira que escreve matérias sobre como as pessoas poupam dinheiro fazendo o próprio sabão ou reutilizando o fio dental. O que realmente me incomoda é que esses exemplos são apresentados como *provas* de que cortar gastos é uma forma de enriquecer.

Pense em quão insolente essa mensagem é para a família típica. É como se os autores dessas publicações dissessem: "Você não é financeiramente livre porque continua comprando Omo!"

É possível perceber a artimanha. Eles apresentam casos excepcionais como se fossem comuns. Mas nada poderia estar mais longe da verdade.

A forma mais *consistente* de enriquecer é aumentar a renda e investir em ativos geradores de renda.

Isso não significa ignorar completamente os gastos. Todos devem fazer uma revisão periódica de gastos para garantir que não haja desperdícios (por exemplo, assinaturas esquecidas, luxos desnecessários etc.). Mas não há necessidade de cortar o café.

Se você deseja poupar mais, o ideal é ser sensato e *concentrar-se em aumentar a renda*.

Como Aumentar a Renda

Admito que aumentar a renda será muito mais difícil do que cortar os gastos, pelo menos no início. Entretanto, se você busca um caminho sustentável para poupar mais e enriquecer, é a única opção.

E a melhor maneira de aumentar a renda é desbloquear o valor financeiro que já está dentro de você. Estou falando de um conceito chamado *capital humano*, ou o valor de suas habilidades, seus conhecimentos e seu tempo. Seu capital humano é um ativo que você pode converter em capital financeiro (ou seja, dinheiro).

Quais são as melhores maneiras de converter capital humano em capital financeiro? A seguir, apresento cinco métodos:

1. Vender seu tempo/sua expertise
2. Vender uma habilidade/um serviço
3. Ensinar as pessoas
4. Vender um produto
5. Avançar na hierarquia corporativa

Cada um deles tem prós e contras que discutiremos nas seções seguintes, mas todos podem ser utilizados para aumentar a renda.

1. Vender Seu Tempo/Sua Expertise

Segundo o antigo ditado, "tempo é dinheiro". Portanto, se você precisa ganhar mais dinheiro, considere vender mais do seu tempo ou da sua expertise.

Existem várias maneiras de fazer isso, mas recomendo que você pesquise onde o seu conjunto de habilidades pode ser melhor aplicado. De início, talvez você não ganhe muito, mas, à medida que desenvolve sua expertise, pode começar a cobrar mais.

A única desvantagem de vender seu tempo é que ele não é escalável. Uma hora de trabalho sempre equivalerá a uma hora de renda. Nada mais. Como resultado, você não ficará extremamente rico apenas vendendo seu tempo.

Não há nada de errado em começar vendendo seu tempo, mas, em algum momento, você vai querer ter uma renda *sem* precisar trabalhar. Abordaremos esse aspecto em breve.

Resumo de Vender Seu Tempo

- **Prós:** Fácil de aplicar. Baixo custo inicial.
- **Contras:** O tempo é limitado. Não é escalável.

2. Vender uma Habilidade/um Serviço

A venda de seu tempo naturalmente leva à venda de uma habilidade ou um serviço. Esse método envolve desenvolver uma habilidade comercializável e vendê-la por meio de uma plataforma (provavelmente online).

Por exemplo, você pode anunciar seus serviços de fotografia nos classificados ou fazer trabalhos de design gráfico em sites como o Upwork. Esses são apenas alguns exemplos das centenas de habilidades comercializáveis que são compradas e vendidas online todos os dias.

Vender uma habilidade ou um serviço pode gerar mais renda do que vender seu tempo, pois você pode oferecer algo que não está diretamente relacionado ao tempo. Isso é especialmente verdadeiro se você construir uma marca em torno de seu trabalho e cobrar preços mais elevados.

Infelizmente, semelhante a vender seu tempo, vender uma habilidade ou um serviço individual não é escalável, pois você precisa realizar o trabalho para cada serviço oferecido. Sim, você pode contratar pessoas igualmente qualificadas para ajudar com a carga de trabalho, mas isso abarca complexidades adicionais.

Resumo de Vender uma Habilidade/um Serviço

- **Prós:** Remuneração mais alta. Possibilidade de construir uma marca.
- **Contras:** Necessidade de investir tempo para desenvolver uma habilidade/um serviço comercializável. Não é facilmente escalável.

3. Ensinar as Pessoas

Como Aristóteles afirmou certa vez: "Aqueles que sabem, fazem. Aqueles que compreendem, ensinam."

Ensinar (especialmente online) é uma das melhores formas de ter renda escalável. Seja por meio do YouTube ou de uma plataforma de aprendizado como a Teachable, ensinar algo útil pode ser uma ótima maneira de aumentar a remuneração.

O ensino online pode ser feito por meio de cursos pré-gravados e autoguiados ou de aulas ao vivo e em grupo. Embora os cursos autoguiados sejam mais escaláveis, não é possível cobrar tanto quanto em uma aula ao vivo.

O que você pode ensinar? Tudo pelo que as pessoas estejam dispostas a pagar para aprender. Escrita, programação, edição de fotos etc.

A beleza de ensinar as pessoas é que você também pode construir uma marca que seja comercializável por muitos anos. Infelizmente, essa também é uma das dificuldades do ensino online. A menos que você esteja em um nicho específico, haverá vários outros cursos. Para competir com eles, você precisará encontrar uma forma de se destacar.

Resumo de Ensinar as Pessoas

- **Prós:** É facilmente escalável.
- **Contras:** Muita concorrência. Atrair alunos pode ser uma dificuldade contínua.

4. Vender um Produto

Se o ensino não é para você, considere criar um produto que seja benéfico para os outros. A melhor forma de fazer isso é identificar um problema e, em seguida, desenvolver um produto para resolvê-lo.

O problema pode ser de natureza emocional, mental, física ou financeira. Seja qual for a sua decisão, resolver um problema por meio de um produto ajuda a criar valor escalável.

Por quê? Porque você só precisa desenvolver o produto uma vez, mas pode vendê-lo quantas vezes quiser. Isso é especialmente verdadeiro para produtos digitais que podem ser vendidos online um número ilimitado de vezes com poucos custos adicionais.

Infelizmente, a criação de um produto exigirá muito investimento inicial e sua comercialização demandará ainda mais esforço. Os produtos não são fáceis de desenvolver, mas, se você identificar um que agrade as pessoas, pode obter renda por um longo período.

Resumo de Vender um Produto

- **Prós:** É escalável.
- **Contras:** Muito investimento inicial e comercialização constante.

5. Avançar na Hierarquia Corporativa

De todas as formas de aumentar a renda, avançar na hierarquia corporativa é a mais comum e também a mais desprezada. Há uma opinião dominante de que ter um emprego das 9h às 17h é, de certa maneira, menos digno do que trabalhar por conta própria, iniciar o próprio negócio ou realizar uma atividade paralela.

Mas, se analisarmos os dados, um emprego das 9h às 17h ainda é a maneira pela qual a maioria das pessoas enriquece. Na verdade, a melhor chance que muitos norte-americanos têm de se tornarem milionários é por meio de um diploma profissional (por exemplo, médico, advogado etc.). Como o livro *O Milionário Mora ao Lado* afirma sobre um grupo de milionários que foi estudado no final da década de 1990:

> "Como um grupo, [os milionários] têm boa formação. Apenas cerca de 1 em cada 5 não é graduado. Muitos [deles] possuem ensino superior — 18% têm mestrado, 8% são formados em direito, 6% em medicina e 6% têm doutorado."[21]

Além de serem mais propensos a ter uma educação e carreira tradicionais, os milionários não enriquecem da noite para o dia. Na verdade, demora 32 anos para um milionário típico construir sua riqueza.[22]

É por isso que defendo uma carreira tradicional para aumentar a renda, em especial para aqueles que são mais jovens ou não têm experiência suficiente. Embora um emprego das 9h às 17h raramente leve à riqueza abundante, aprender a trabalhar bem com as pessoas e aprimorar habilidades podem ser as melhores estratégias para o desenvolvimento de carreira.

E, mesmo que você queira seguir o próprio caminho em determinado momento, começar como um funcionário é a norma. Isso explica por que a idade típica de um empreendedor é 40 anos.[23] Com essa idade, as pessoas têm duas coisas que a maioria dos jovens de 22 anos não tem: experiência e dinheiro. E de onde vem essa experiência e esse dinheiro? De uma carreira tradicional, provavelmente trabalhando para outra pessoa.

Resumo de Avançar na Hierarquia Corporativa

- **Prós:** Adquirir experiência e habilidades. Menos risco em relação ao aumento de renda.
- **Contras:** Não controlar seu tempo ou suas tarefas.

Independentemente de como você escolha aumentar sua renda no futuro, todos os métodos devem ser considerados medidas *temporárias*. Digo temporárias porque, em última análise, a renda extra deve ser usada para adquirir mais ativos geradores de renda.

É assim que você impulsiona suas economias.

Para Poupar Ainda Mais, Pense como Dono

Adivinhe quem é o jogador mais rico da história da NFL. Tom Brady? Peyton Manning? John Madden? Não, não e não.

É um cara chamado Jerry Richardson. Provavelmente você nunca ouviu falar dele. Eu também não o conhecia. Mas ele é o único bilionário que já jogou na NFL.

Como Richardson ganhou dinheiro? Não foi jogando futebol americano.

Richardson era um bom jogador. Ele estava na equipe que venceu o Campeonato da NFL de 1959. Mas construiu a maior parte de sua riqueza abrindo franquias da rede de fast food Hardee's nos EUA. A certa altura, ele adquiriu capital suficiente para fundar o time Carolina Panthers, da NFL, em 1993.

Foi a propriedade de empreendimentos comerciais que tornou Richardson extremamente rico, e *não* a renda proveniente do seu trabalho.

Quero que você pense em aumentar sua renda da mesma forma. Sim, vender tempo, habilidades ou produtos é ótimo, mas não deve ser o objetivo final de sua jornada de enriquecimento.

O objetivo final deve ser a propriedade — usar a renda adicional para adquirir mais ativos geradores de renda.

Seja investindo no próprio negócio ou no de outra pessoa, você precisa converter seu capital humano em capital financeiro para construir riqueza em longo prazo.

E, se você deseja alcançar esse propósito, é necessário pensar como dono.

Agora que discutimos como *poupar* mais dinheiro, vamos nos concentrar em como *gastar* dinheiro sem culpa.

4.

COMO GASTAR DINHEIRO SEM CULPA

A Regra 2x e a máxima satisfação

U M DOS MEUS melhores amigos estava estudando na América do Sul quando me contou sobre um de seus colegas de classe, James (nome fictício), que não tinha noção de preços. Fiquei inicialmente confuso com a declaração. "Como assim?", questionei. Meu amigo explicou:

> "Quando você se senta em um restaurante e abre o cardápio, provavelmente repara em duas coisas. Primeiro, nas opções de comida que o restaurante oferece. Segundo, também repara no *preço* de cada opção. Talvez a diferença de preço entre um prato e outro não afete sua decisão do que comer, mas pelo menos você *nota* que há um preço.

> A maneira mais simples de saber se você tem essa noção é imaginar como se sentiria se sentasse em um restaurante onde o cardápio não tem preços."

Então, meu amigo reiterou que James não tinha essa noção. No entanto, o que ele tinha era o cartão de crédito do pai.

Jantar? James pagava. Entrada da boate? Por conta de James. Bebidas? Cortesia de James. Certa vez, quando o pessoal se perdeu durante uma trilha noturna até Machu Picchu, ele ofereceu fretar um helicóptero pelo seu telefone via satélite para resgatar todo mundo. Felizmente, alguns do grupo o convenceram do contrário antes de se reorientarem e concluírem a trilha ilesos.

James é um exemplo de alguém que não sente culpa quando se trata de gastar dinheiro. Mas também já presenciei o outro lado do espectro de gastos.

Em São Francisco, tive um colega de trabalho chamado Dennis (nome fictício), que levava a frugalidade um pouco longe demais. A fim de poupar dinheiro, ele costumava burlar o aplicativo da Uber para evitar o temido preço dinâmico.

Para quem não se lembra, nos primeiros dias da Uber, você não recebia o valor exato da corrida, mas um indicador do preço dinâmico. Portanto, uma tarifa de 2x significava que sua corrida custaria duas vezes mais do que o normal, e assim por diante. Outra coisa que a Uber costumava fazer era exigir que você marcasse sua localização no aplicativo. Essa marcação indicava ao motorista onde você estava, mas também determinava o preço dinâmico.

De alguma forma, Dennis descobriu uma falha no aplicativo. Era possível marcar uma área de baixa tarifa, aceitar o valor e, depois, mover a marcação para sua localização real. Dennis nos mostrou como ele fazia a marcação no meio da Baía de São Francisco (onde nunca havia preço dinâmico) e então a movia para sua localização real, economizando de US$5 a US$10 por corrida.

Ainda não tenho ideia de como ele descobriu essa falha no sistema, mas avisei que a Uber a consertaria. E foi o que aconteceu.

Na véspera de Ano-novo de 2015, às 2h, Dennis, que estava alcoolizado, tentou o "truque da marcação" ao solicitar uma corrida para casa. O preço dinâmico indicava 8,9x a tarifa normal e ele não queria pagar. Bem, o truque falhou.

No dia seguinte, Dennis recebeu a cobrança de US$264. Só sei disso porque ele contou a todo o escritório que, mesmo após semanas contestando o valor, "a Uber o roubou". Acho que o infortúnio alheio nunca me proporcionou tanta felicidade.

James e Dennis ilustram os extremos quando se trata de gastar dinheiro. E nenhuma dessas abordagens é ideal. Embora gastasse dinheiro sem culpa, James o fazia de forma irresponsável. E, embora administrasse bem o dinheiro, Dennis sofria de ansiedade sempre que o gastava.

Infelizmente, a maioria da comunidade de finanças pessoais tende a apoiar Dennis em detrimento de James. Se o assunto é cortar gastos ou aumentar a renda, a abordagem é tipicamente baseada em culpa.

Desde Suzie Orman dizendo que comprar café equivale a "desperdiçar $1 milhão" até Gary Vaynerchuk questionando se você se esforça o suficiente, os conselhos financeiros convencionais semeiam dúvidas em torno da tomada de decisões.[24]

Você deveria comprar esse carro?

E essas roupas chiques?

Você precisa gastar em um café por dia?

Culpa. Culpa. Culpa.

Esse tipo de conselho faz com que você duvide de si mesmo e ocasiona ansiedade em relação aos gastos. E ter mais dinheiro não resolve facilmente o problema.

Uma pesquisa de 2017, realizada pelo Spectrem Group, constatou que 20% dos investidores com patrimônio entre US$5 milhões e US$25 milhões temiam não ter dinheiro suficiente para a aposentadoria.[25]

Não é assim que se vive. Sim, o dinheiro é importante, mas não deve preocupá-lo sempre que você vê uma etiqueta de preço. Se já questionou se deveria comprar algo mesmo quando tinha fundos suficientes, então o problema não é você, mas a *abordagem* adotada para considerar os gastos.

Para tomar decisões financeiras sem preocupação, é necessária uma nova forma de pensar. Para tanto, recomendo duas dicas que, quando combinadas, possibilitarão que você gaste dinheiro sem culpa. São elas:

CONTINUE A COMPRAR

1. A Regra 2x
2. O Foco na Máxima Satisfação

1. A Regra 2x

A primeira dica é o que chamo de *Regra 2x*. Ela funciona da seguinte forma: sempre que eu quiser me dar o luxo de comprar algo, preciso investir a mesma quantia de dinheiro.

Então, se eu quisesse comprar um par de sapatos de $400, *também* teria que investir $400 em ações (ou outros ativos geradores de renda). Isso me faz reavaliar o quanto eu realmente quero algo, pois, se não estiver disposto a economizar 2x, desisto da compra.

Eu gosto dessa regra porque ela elimina a culpa psicológica associada às compras impulsivas. Como sei que meu luxo acarretará um investimento de igual valor em ativos geradores de renda, nunca me preocupo com a possibilidade de gastar demais.

Para ser considerada um "luxo", qual deve ser o valor de uma compra?

Isso varia de pessoa para pessoa e ao longo do tempo, mas qualquer valor que lhe *pareça* um luxo, para todos os fins práticos, é um. Por exemplo, quando eu tinha 22 anos (e muito menos dinheiro), gastar $100 em um item não essencial era um luxo para mim. Hoje, esse valor está mais próximo de $400.

No entanto, o valor exato é irrelevante. O que importa é o *sentimento* que surge ao considerar uma compra. Seja gastando $10 ou $10 mil, você pode usar a Regra 2x para superar o sentimento de culpa e desfrutar de seu dinheiro.

Mais importante ainda, você não precisa investir suas economias excedentes para que a Regra 2x funcione. Por exemplo, se você comprar algo no valor de $200, pode *doar* $200 para uma instituição de caridade e obter o mesmo efeito de não sentir culpa.

Cada centavo gasto em um luxo pode ser compensado por dinheiro de caridade destinado a uma causa digna. Além de possibilitar que você ajude os outros, essa atitude elimina o remorso de se presentear.

Não importa como você decida usar a Regra 2x, ela é uma dica simples que pode libertá-lo do sentimento de culpa.

2. O Foco na Máxima Satisfação

A segunda dica para gastar dinheiro sem preocupações é se concentrar em maximizar a satisfação em longo prazo. Observe que eu disse *satisfação*, e não felicidade. A diferença é importante.

Por exemplo, correr uma maratona é uma experiência satisfatória, mas não necessariamente feliz. A dedicação e o esforço necessários para completar uma maratona não costumam provocar uma sensação de felicidade constante, mas podem proporcionar uma profunda sensação de satisfação e realização quando o evento termina.

Isso não quer dizer que a felicidade não importa. Claro que importa. Os autores de *Dinheiro Feliz: A arte de gastar com inteligência* constataram que as seguintes maneiras de gastar dinheiro são mais propensas a aumentar a felicidade geral:[26]

- Comprar experiências
- Presentear-se (de vez em quando)
- Gastar com lazer
- Pagar antecipado (por exemplo, férias com tudo incluído)
- Gastar com os outros

Essas são áreas nas quais ter (e gastar) mais dinheiro *geralmente* significa mais felicidade.

No entanto, mesmo essas ótimas dicas não são uma solução milagrosa. É possível comprar as melhores experiências e permitir-se todo o tempo de lazer do mundo, mas isso não garante que você se sentirá satisfeito.

Então, o que pode aumentar a satisfação?

Não é uma pergunta fácil de responder. Em *Motivação 3.0*, Daniel H. Pink propõe uma estrutura para entender a motivação humana que fornece um ótimo ponto de partida. Pink discute como a autonomia (estar no controle da própria vida), a excelência (melhorar suas habilidades) e o propósito (conectar-se a algo maior do que si mesmo) são os principais componentes da motivação e da satisfação humanas.[27]

Essas mesmas categorias também são filtros úteis para decidir como gastar dinheiro. Por exemplo, comprar um café diariamente pode parecer desnecessário, a menos que esse café possibilite que você tenha o melhor desempenho enquanto estiver no trabalho.

Nesse caso, o café diário está *aprimorando* sua excelência profissional e representa dinheiro bem gasto. Use a mesma lógica para justificar compras que aumentam a autonomia ou o senso de propósito.

Em última análise, seu dinheiro deve ser usado como uma ferramenta para propiciar a vida que você deseja. Esse é o objetivo. Portanto, a dificuldade não está em gastar dinheiro, mas em descobrir o que você realmente quer da vida.

Quais são os aspectos com os quais você se importa?

Quais cenários prefere evitar?

Quais valores você deseja promover no mundo?

Depois de descobrir isso, gastar dinheiro se torna mais fácil e agradável. O segredo é focar o *intuito* da compra, e não a compra em si.

Afinal, não é a compra que faz você se sentir culpado, mas, sim, a forma como você a justifica. E, quando não há uma boa razão para comprar algo, provavelmente sentirá remorso. Minta para si mesmo o quanto quiser, mas no fundo você sabe a verdade.

A maneira mais fácil de combater esse sentimento é se perguntar se uma determinada compra contribuirá para a satisfação em longo prazo. Se a resposta for "Sim", compre e pare de se punir mentalmente. Mas, se a resposta for "Não", então você precisa seguir em frente, pois há outras áreas nas quais seu dinheiro seria melhor gasto.

COMO GASTAR DINHEIRO SEM CULPA

A Única Maneira Correta de Gastar Dinheiro

A única maneira correta de gastar dinheiro é aquela que funciona para você. Sei que parece clichê, mas essa afirmação é corroborada por dados.

Pesquisadores da Universidade de Cambridge constataram que indivíduos que faziam compras *mais adequadas ao seu perfil psicológico* relataram níveis mais altos de satisfação do que aqueles que não o faziam. Além disso, esse efeito foi mais significativo na felicidade relatada do que o efeito da renda total.[28]

Essa pesquisa sugere que sua personalidade pode determinar no que você gosta de gastar dinheiro. Se for verdade, alguns dos conselhos comuns sobre gastos ideais precisam ser repensados.

Por exemplo, tem sido amplamente documentado que as pessoas obtêm mais felicidade ao comprar experiências em vez de bens materiais.[29] Mas e se isso for verdade apenas para um subconjunto da população (por exemplo, extrovertidos)? Nesse caso, os conselhos de gastos podem estar considerando somente os 60% a 75% de pessoas que são extrovertidas, para o desânimo dos introvertidos no mundo todo.

Por isso, é necessário ir além da pesquisa para descobrir o que funciona melhor para você. Quando se trata de prever o que fará alguém mais feliz, a ciência dos gastos nem sempre consegue ser precisa.

No fim das contas, é você quem deve descobrir o que quer da vida. Depois de fazer isso, gaste seu dinheiro de acordo. Caso contrário, pode acabar vivendo o sonho de outra pessoa em vez do seu.

Agora que discutimos algumas dicas sobre como gastar dinheiro sem culpa, vamos abordar a maneira correta de gastar um aumento na remuneração.

5.

ATÉ QUE PONTO É ACEITÁVEL A MELHORIA DO ESTILO DE VIDA?

E por que é mais do que você imagina

Em 4 de janeiro de 1877, o homem mais rico do mundo faleceu. Cornelius "The Commodore" Vanderbilt acumulou uma fortuna de mais de US$100 milhões ao longo de sua vida como pioneiro das ferrovias e do transporte.

Ele acreditava que a divisão de sua fortuna levaria à ruína, então deixou a maior parte (US$95 milhões) para seu filho William H. Vanderbilt. Naquela época, a quantia era maior do que o valor total do Tesouro dos EUA.

A decisão de não dividir seu império mostrou-se correta. Nos nove anos seguintes, William H. duplicou a fortuna do pai, chegando a quase US$200 milhões, por meio da gestão adequada dos negócios ferroviários. Após o ajuste pela inflação, a fortuna de US$200 milhões valeria cerca de US$5 bilhões em 2017.

No entanto, o falecimento de William H. no final de 1885 cultivaria as sementes da imprudência que levariam à queda dos Vanderbilt. Em vinte anos, nenhum deles estaria entre as pessoas mais ricas dos EUA. De fato, "em 1973, quando 120 dos descendentes de Cornelius se reuniram na Universidade Vanderbilt para a primeira reunião de família, não havia nem um milionário sequer entre eles".[30]

O que causou a ruína financeira dos Vanderbilt? A melhoria do estilo de vida, que ocorre quando há uma elevação de gastos após um aumento de renda ou como forma de acompanhar os padrões de ostentação de seu meio social.

No caso dos Vanderbilt, foi uma melhoria desenfreada — jantares extravagantes, cigarros enrolados em notas de US$100 e as mansões mais luxuosas da cidade de Nova York —, apenas para acompanhar outros socialites de Manhattan. Talvez suas preferências não sejam tão extravagantes quanto as dos Vanderbilt, mas a história deles ilustra o quão fácil é aumentar gastos ao longo do tempo, sobretudo após um aumento de renda.

Por exemplo, imagine que você acabou de receber um aumento e deseja comemorar. Afinal, você se esforçou e merece, certo? Talvez queira comprar um carro novo, mudar para uma casa melhor ou jantar fora com mais frequência. Não importa o que decida fazer com seu dinheiro recém-adquirido, você caiu na armadilha da melhoria do estilo de vida.

Embora muitos especialistas em finanças pessoais aconselhem evitar a melhoria do estilo de vida a todo custo, não sou um deles. Na verdade, acredito que *certa* melhoria pode ser muito satisfatória. Afinal, de que adianta se esforçar se você não pode aproveitar os frutos do trabalho?

Mas qual é o limite? Até que ponto é aceitável a melhoria do estilo de vida? Tecnicamente, depende do percentual de economias, mas, *para a maioria das pessoas*, a resposta é cerca de 50%.

ATÉ QUE PONTO É ACEITÁVEL A MELHORIA DO ESTILO DE VIDA?

Ao gastar mais de 50% dos aumentos futuros, você começa a adiar sua aposentadoria.

Pode parecer estranho que ganhar dinheiro extra sem poupá-lo o bastante adie a aposentadoria, mas demonstrarei por que isso é verdade. De fato, as pessoas com percentual de economias mais alto precisam poupar *uma porcentagem maior* dos aumentos futuros (se quiserem se aposentar no mesmo prazo) do que aquelas com percentual de economias mais baixo.

Após entender o porquê, o limite de 50% fará muito mais sentido.

Por que Altos Poupadores Precisam Poupar Mais a Cada Aumento

Para começar, imagine dois investidores: Annie e Bobby. Anualmente, ambos ganham a mesma renda de $100 mil após impostos, mas poupam quantias diferentes. Annie poupa 50% de sua renda após impostos ($50 mil), enquanto Bobby poupa apenas 10% ($10 mil). Por definição, isso significa que Annie *gasta* $50 mil, e Bobby, $90 mil por ano.

Se presumirmos que, durante a aposentadoria, ambos desejam gastar a mesma quantia de quando trabalhavam (manutenção do estilo de vida), então Annie precisará de menos do que Bobby para se aposentar, pois ela vive com menos dinheiro.

Se também presumirmos que cada investidor precisa de 25x os gastos anuais para se aposentar confortavelmente, então Annie necessitará de $1,25 milhão, e Bobby, de $2,25 milhões. No Capítulo 9, discutiremos por que uma meta de economias de 25x os gastos anuais pode propiciar uma aposentadoria confortável.

Com uma taxa de retorno real de 4% e sem alterações na renda/no percentual de economias ao longo do tempo, Annie poderá se aposentar em 18 anos, enquanto Bobby levará 59. Observe que esse último período é irrealista para a maioria das pessoas, então Bobby provavelmente terá que aumentar seu percentual de economias se quiser se aposentar em um prazo mais razoável.

Agora, avancemos uma década. Após dez anos de economias (com um retorno de 4% ajustado pela inflação), Annie terá acumulado $600.305, e

CONTINUE A COMPRAR

Bobby, $120.061. Ambos ainda estão no caminho certo para se aposentar no prazo original (ou seja, Annie em 8 anos e Bobby em 49).

Mas digamos que eles receberam um aumento de $100 mil por ano e seus ganhos anuais agora totalizam $200 mil (após impostos). Quanto desse aumento devem economizar se quiserem se aposentar no prazo original?

Você pode sugerir: "Basta manter o percentual de economias *original*", certo? Mas, se Annie poupar 50% de seu aumento, e Bobby, 10%, eles *adiarão* a aposentadoria.

Por quê? Porque a meta de aposentadoria não contabilizou o *aumento de gastos* como resultado do aumento de renda.

Se Annie está ganhando $200 mil e poupando 50% ($100 mil) anualmente, por definição, ela está *gastando* os outros 50% ($100 mil). Como seus gastos dobraram de $50 mil para $100 mil após o aumento, o mesmo deve ocorrer na *aposentadoria* se ela quiser manter o novo estilo de vida.

Isso significa que Annie agora precisa de $2,5 milhões para se aposentar, em vez de seu $1,25 milhão original. Porém, nos últimos 10 anos, ela poupou *como se* precisasse apenas de $1,25 milhão; assim, terá que trabalhar por mais tempo para compensar esse nível mais baixo de economias.

Com $600.305 investidos e economias anuais pós-aumento de $100 mil (com uma taxa de retorno de 4%), Annie alcançaria sua meta de aposentadoria de $2,5 milhões em 12 anos, e não mais em 8. A melhoria do estilo de vida adiou a aposentadoria. É por isso que a melhoria em excesso pode ser arriscada. O impacto nos gastos é o que importa.

Se quisesse manter o prazo original, Annie teria que gastar menos de $100 mil por ano. Ou seja, ela precisaria poupar *mais* de 50% de seu aumento — para ser exato, 74% ($74 mil) para se aposentar em 8 anos. Portanto, no total, $124 mil por ano ($50 mil de economias originais + $74 mil do aumento) até a aposentadoria.

E, como Annie pouparia $124 mil anualmente, conclui-se que ela poderia gastar $76 mil por ano pelo resto da vida. Nesse nível de gastos, a meta de aposentadoria seria de $1,9 milhão, em vez de $2,5 milhões.

E quanto a Bobby? Se quisesse se aposentar no prazo original após o aumento de $100 mil, ele precisaria poupar um adicional de 14,8%

($14.800) anualmente. Isso acarretaria gastos anuais de $175.200 e uma meta de aposentadoria de $4,38 milhões, mas ainda exigiria mais *49 anos*.

Como já mencionado, poupar por 59 anos é irrealista. Consequentemente, Bobby deve poupar 50% de seu aumento (ou mais) se quiser se aposentar em um prazo razoável. Na próxima seção, explicarei por que isso é verdade.

Mais importante, esse exercício mental demonstra por que altos poupadores precisam poupar uma porcentagem ainda maior a cada aumento (em comparação com baixos poupadores) se quiserem manter o prazo de aposentadoria. É por isso que Annie (alta poupadora) tem que poupar 74% de seu aumento, e Bobby (baixo poupador), 14,8%.

Embora seja útil nesse aspecto, esse exercício mental não é útil para definir quanto do *seu* aumento você deve poupar. Como a maioria das pessoas tende a receber muitos pequenos aumentos ao longo da carreira (em vez de um grande aumento), devemos simular seu impacto para ser mais precisos.

A seção seguinte aborda essa questão e fornece uma medida exata de quanto do seu aumento você deve poupar.

Quanto do Seu Aumento Você Deve Poupar?

Depois de analisar os números, o fator mais importante para definir quanto do seu aumento você deve poupar (a fim de manter o prazo de aposentadoria) é o seu percentual de economias atual.

Diferenças na taxa de retorno anual, no nível de renda e na taxa de aumento da renda têm menos importância para essa discussão. Após testar todos esses aspectos, descobri que o percentual de economias era o mais importante.

Portanto, criei a tabela a seguir, que mostra quanto do seu aumento você deve poupar para manter o prazo de aposentadoria com base no percentual de economias atual. Essa análise pressupõe que você precisa de 25x os gastos anuais para se aposentar, recebe um aumento anual de 3% e seu portfólio cresce 4% ao ano (em termos ajustados pela inflação).

CONTINUE A COMPRAR

Percentual de Economias Inicial	Quanto do Seu Aumento Você Deve Poupar
5%	27%
10%	36%
15%	43%
20%	48%
25%	53%
30%	59%
35%	63%
40%	66%
45%	70%
50%	76%
55%	77%
60%	79%

Por exemplo, se você poupa 10% ao ano e recebe um aumento, precisará poupar 36% desse aumento (e de cada aumento subsequente) para se aposentar no mesmo prazo. Se você poupa 20%, precisará poupar 48% dos aumentos futuros. Se você poupa 30%, precisará poupar 59% dos aumentos futuros e assim por diante.

Isso mostra que certa melhoria do estilo de vida é aceitável! A pessoa que poupa 20% de sua renda pode gastar quase metade dos aumentos futuros sem alterar o prazo de aposentadoria. Claro, se gastar menos, conseguirá se aposentar mais cedo, mas a escolha é dela.

De forma contraintuitiva, quanto menor o percentual de economias atual, maior a melhoria do estilo de vida sem afetar o plano de aposentadoria. Por quê? Porque as pessoas que poupam menos, por definição, gastam mais (para o mesmo nível de renda).

Portanto, quando um baixo poupador recebe um aumento e decide gastar parte dele, a alteração nos gastos totais (em uma base percentual) é menor em comparação a um alto poupador que obteve o mesmo aumento e gasta a mesma porcentagem dele. O impacto do aumento de *gastos* afeta mais desproporcionalmente os altos poupadores do que os baixos poupadores.

Por que Você Deve Poupar 50% dos Seus Aumentos

Apesar das complicadas teorias, suposições e análises mencionadas, sugiro que você poupe 50% dos seus aumentos, pois essa porcentagem costuma funcionar para a maioria das pessoas.

Se presumirmos que grande parte dos poupadores tem um percentual de economias na faixa de 10% a 25%, o limite de 50% é a solução correta com base em meus dados simulados (consulte a tabela anterior). E, se o percentual de economias estiver abaixo de 10%, suponho que poupar 50% (ou mais) dos aumentos futuros seria útil para enriquecer.

Mais importante, poupar 50% dos seus aumentos é fácil de implementar e lembrar. Metade é para você e metade é para o seu futuro (na aposentadoria).

Coincidentemente, essa ideia é semelhante à *Regra 2x*, apresentada no Capítulo 4 como uma dica para gastar dinheiro sem culpa.

Para recapitular, a Regra 2x afirma que, antes de comprar algo caro, é preciso reservar a mesma quantia para investir em ativos geradores de renda. Então, gastar $400 em um par de sapatos significa investir $400 em um fundo de índice (ou outros ativos geradores de renda).

É o equivalente a um percentual de economias marginal de 50%, que, por acaso, condiz com o limite de 50% na melhoria do estilo de vida. Portanto, aproveite seus aumentos — mas, lembre-se, apenas metade.

Até o momento, falamos sobre gastar o dinheiro que você tem. No entanto, algumas compras podem exigir um dinheiro *inexistente*.

Agora, vamos discutir se você deve ou não se endividar.

6.

VOCÊ DEVE SE ENDIVIDAR?

Por que a dívida do cartão de crédito nem sempre é ruim

V OU LANÇAR UM enigma.

No deserto, a grande maioria das plantas com flores se enquadra em uma de duas categorias — anuais e perenes. As anuais crescem, se reproduzem e morrem em uma única estação, enquanto as perenes conseguem sobreviver por várias estações.

Mas há uma peculiaridade em relação às plantas anuais que vivem no deserto — a cada ano, uma parte de suas sementes não germina, mesmo quando as condições para a germinação são ideais.

Por quê?

À primeira vista, esse comportamento não faz sentido. Afinal, por que uma planta que vive em um ambiente hostil como o deserto não aproveitaria ao máximo as boas condições quando elas se apresentam?

A resposta tem a ver com a chuva, ou melhor, com *a falta* dela. Como as plantas anuais do deserto exigem condições suficientemente úmidas para germinar e crescer, a chuva é o que determina sua sobrevivência. No entanto, em um ambiente tão imprevisível quanto o deserto, às vezes ocorrem períodos de seca.

Se uma planta anual do deserto germinasse todas as suas sementes e depois passasse por um desses períodos prolongados de seca, todos os seus descendentes morreriam. Seria o fim da linhagem. Como resultado, para lidar com um futuro incerto, algumas sementes permanecem em estado de dormência.

Esse comportamento, conhecido como *bet hedging*, é uma estratégia de redução de risco que busca potencializar o sucesso reprodutivo de um organismo no longo prazo. Não se trata de maximizar a descendência em um único ano, mas *no decorrer do tempo*.

Além de ser vantajoso para organismos que tentam maximizar a aptidão reprodutiva, o *bet hedging* pode ser útil para definir se você deve ou não se endividar.

Por que a Dívida (Mesmo a do Cartão de Crédito) Nem Sempre É Ruim

Dívida. É um assunto que tem sido debatido desde os tempos bíblicos. Como Provérbios 22:7 afirma: "Quem toma emprestado é servo de quem empresta."

Mas a dívida é sempre ruim? Ou apenas *alguns tipos* de dívida são ruins? Infelizmente, a resposta não é tão simples.

Por exemplo, anos atrás, caso você me perguntasse se deveria assumir a dívida do cartão de crédito, eu teria lhe dado a mesma resposta que qualquer outro especialista financeiro: "Sob nenhuma circunstância."

Porém, após me aprofundar em como as pessoas usam a dívida, percebi que esse conselho nem sempre estava correto. Obviamente, as altas taxas de juros cobradas pelas empresas de cartão de crédito devem ser evitadas. Mas você já sabe disso. Todo mundo sabe.

No entanto, talvez você não saiba que os cartões de crédito podem ajudar a reduzir o risco para alguns devedores de baixa renda. Esse aspecto

VOCÊ DEVE SE ENDIVIDAR?

é mais facilmente demonstrado pelo que os pesquisadores chamaram de *enigma da dívida do cartão de crédito* — a observação de que algumas pessoas mantêm a dívida do cartão de crédito, mesmo tendo a capacidade de pagá-la com suas economias.

Por exemplo, imagine alguém com $1.500 na conta corrente e $1.000 de dívida do cartão de crédito. Essa pessoa poderia pagar a dívida de $1.000 e ainda ter $500 na conta corrente, mas não o faz. Sua decisão de manter a dívida pode parecer irracional, mas, se repararmos bem, é apenas uma forma de *bet hedging*.

As pesquisadoras Olga Gorbachev e María José Luengo-Prado descobriram isso ao analisar indivíduos que tinham dívida do cartão de crédito e economias líquidas ("devedores-poupadores"). Elas constataram que, em comparação aos outros, esses devedores-poupadores tendiam a ter percepções diferentes sobre seu *acesso* futuro ao crédito.[31]

Em outras palavras, as pessoas com dívida do cartão de crédito e economias tendem a se preocupar se terão acesso ao dinheiro no futuro. Como resultado, elas voluntariamente desistem da recompensa no curto prazo (pagando juros no cartão de crédito), a fim de reduzir o risco no longo prazo de não ter fundos suficientes. Pode parecer insensato, mas, na verdade, é uma técnica legítima de gerenciamento financeiro.

Entretanto, essa não é a única razão pela qual alguém pode assumir dívidas com altas taxas de juros. No livro *Portfolios of the Poor*, os autores descobriram, para surpresa deles, que algumas das pessoas mais pobres do mundo usam a dívida para *poupar dinheiro*.

Por exemplo, uma mulher chamada Seema, da cidade de Vijayawada, no sul da Índia, fez um empréstimo de $20 a uma taxa de juros mensal de 15%, apesar de ter $55 de economias líquidas. Quando lhe perguntaram o motivo, ela respondeu:

> "Com essa taxa de juros, sei que vou quitar o empréstimo rapidamente. Se eu retirasse o valor das minhas economias, levaria muito tempo para repô-lo."[32]

Seema, assim como muitos outros devedores pobres ao redor do mundo, usou a dívida como "muleta comportamental" para se forçar a poupar dinheiro. De uma perspectiva puramente matemática, pode parecer irracional. Mas, se entendermos o comportamento humano, faz sentido.

Por esse motivo, é equivocado rotular a dívida como *boa* ou *ruim*. A dívida, independentemente do tipo, é uma ferramenta financeira como qualquer outra. Se utilizada corretamente, pode favorecer a situação financeira. Do contrário, pode ser prejudicial.

A diferença depende do contexto. Não espero que você evite a dívida do cartão de crédito, mas acho útil compreender *quando* assumir dívidas em geral.

Quando Assumir Dívidas

Embora existam muitas razões pelas quais alguém pode assumir dívidas, as mais úteis se enquadram em duas categorias:

1. Para reduzir o risco.
2. Para gerar um retorno maior do que o custo de empréstimo.

Quando se trata de reduzir o risco, a dívida pode ser usada para fornecer liquidez adicional, estabilizar o fluxo de caixa ou diminuir a incerteza. Por exemplo, alguém pode escolher *não* quitar antecipadamente o financiamento imobiliário para que possa ter mais dinheiro em caso de emergência. Nesse caso, a opcionalidade proporcionada pela manutenção da dívida pode valer mais do que o custo de mantê-la.

A dívida também pode ser usada para diminuir a incerteza ao fixar um fluxo de pagamentos no futuro. Por exemplo, se você deseja morar em uma área específica, fazer um financiamento imobiliário pode estabilizar seu custo de vida nas décadas seguintes. Por causa dessa dívida, você não precisa mais se preocupar com a mudança no aluguel ou a garantia de moradia, já que seus pagamentos futuros são conhecidos e imutáveis.

Além de reduzir o risco, a dívida também pode ser utilizada para gerar um retorno *maior* do que o custo de empréstimo. Por exemplo, quando se trata de pagar por estudos (financiamento estudantil), iniciar um pequeno negócio (empréstimo empresarial) ou comprar uma casa (financiamento imobiliário), o custo de empréstimo pode ser menor do que o retorno que ele acaba gerando.

Claro, os detalhes são importantes. Se a diferença entre a taxa de retorno esperada e o custo de empréstimo for muito pequena, assumir dívidas pode ser uma jogada arriscada. No entanto, quando o retorno esperado é grande, a dívida pode mudar sua vida. Uma área em que isso costuma ser verdade é o ensino superior.

Por que a Faculdade Vale a Pena (na Maioria das Vezes)

Apesar dos custos crescentes da faculdade, ao longo da vida, os ganhos dos graduados excedem consideravelmente os dos formados no ensino médio.

De acordo com um relatório de 2015 do Centro de Educação e Força de Trabalho da Universidade Georgetown, a remuneração média anual dos formados no ensino médio com idades entre 25 e 29 era de US\$36 mil, em comparação com a de US\$61 mil dos graduados.[33] A diferença anual é de apenas US\$25 mil, mas, ao longo de uma carreira de quarenta anos, totaliza US\$1 milhão.

Esse US\$1 milhão tem sido mencionado na mídia como o valor real de uma graduação. Infelizmente, dois aspectos são ignorados: o fato de que essa quantia é adquirida ao longo do tempo (o valor temporal do dinheiro); e as diferenças demográficas das pessoas que tendem a obter diplomas universitários.

Por exemplo, se um aluno prestes a frequentar Harvard fosse forçado a não cursar nenhuma faculdade, ele provavelmente ganharia muito mais do que a pessoa típica com apenas o diploma do ensino médio.

Quando avaliaram esses tipos de fatores demográficos, os pesquisadores descobriram que, ao longo da vida, a diferença de ganhos de um graduado (em comparação a um formado no ensino médio) era de US\$655 mil para homens e US\$445 mil para mulheres. Além disso, após ajustar o valor temporal do dinheiro (trazendo ganhos futuros para o presente), esse número era de US\$260 mil para homens e US\$180 mil para mulheres.[34]

CONTINUE A COMPRAR

Isso significa que, em média, os homens devem estar dispostos a pagar até US$260 mil por uma educação universitária, enquanto as mulheres devem estar dispostas a pagar até US$180 mil. Claro, esses números representam o valor máximo que se deve estar disposto a pagar por uma educação universitária. Idealmente, você precisaria pagar menos do que isso para que seja financeiramente viável.

Além disso, essas estimativas são apenas uma média. Como os ganhos variam muito *entre* os cursos, a escolha do curso define se a faculdade vale a pena ou não. Por exemplo, ao longo da vida, a diferença estimada nos ganhos entre o curso menos rentável (pedagogia) e o mais rentável (engenharia de petróleo) era de US$3,4 milhões.[35]

Portanto, ao determinar se a obtenção de um diploma específico vale o custo, é preciso estimar o quanto ele aumentará os ganhos ao longo da vida e, então, subtrair quaisquer ganhos perdidos durante o período de estudo.

Por exemplo, suponhamos que você queira obter um MBA, pois acredita que aumentará seus ganhos anuais em $20 mil ao longo dos 40 anos seguintes (em comparação a não ter um MBA). Nesse caso, o aumento esperado nos ganhos ao longo da vida seria de $800 mil.

A maneira correta de encontrar o valor atual desses ganhos futuros é descontar 4% ao ano do montante total. Porém, há uma forma mais simples — dividir por dois o aumento nos ganhos ao longo da vida.

É o equivalente a descontar 4% ao ano do montante total. Prefiro esse atalho, pois é possível fazer as contas de cabeça. Portanto, ao longo da vida, um aumento de $800 mil em 40 anos vale cerca de $400 mil hoje.

Por fim, você deve subtrair todos os ganhos que perderia durante o período de estudo. Se você está ganhando $75 mil por ano e deseja obter um MBA, deve subtrair $150 mil (dois anos de ganhos) do valor atual desse aumento esperado.

Somando tudo, hoje obter um MBA vale:

$$(\$800.000/2) - \$150.000 = \$250.000$$

Um quarto de milhão. É o máximo que você deve estar disposto a pagar por um MBA que lhe renderá $800 mil a mais ao longo da vida, supondo que você ganhe $75 mil por ano.

Você pode fazer esse cálculo para um curso diferente, inserindo outros números na mesma equação:

Valor do Curso Hoje = (Aumento nos Ganhos ao Longo da Vida/2) - Ganhos Perdidos

Embora aspectos como impostos e outras variáveis possam afetar esse cálculo, ainda é uma forma simples de verificar se um diploma vale o custo.

Se você fizer os cálculos, constatará que frequentar a faculdade (e assumir dívidas para isso) ainda vale a pena para a maioria dos cursos de graduação e pós-graduação.

Por exemplo, o universitário médio nos EUA assume uma dívida de cerca de US$30 mil para obter um diploma.[36] E o custo médio *anual* para frequentar uma faculdade de 4 anos é de US$11.800.[37] Isso significa que, durante 4 anos, o custo total (custo direto mais dívida) de frequentar uma faculdade é de US$77.200 (US$11.800 × 4 + US$30.000).

Para simplificar, vamos arredondar para US$80 mil (ou US$20 mil por ano). Presumindo que os ganhos perdidos em 4 anos seriam de US$120 mil (ou US$30 mil por ano), podemos inserir esses números na fórmula apresentada anteriormente:

US$80.000 = (Aumento nos Ganhos ao Longo da Vida/2) - US$120.000

Para descobrir o aumento nos ganhos ao longo da vida, reorganizamos a fórmula:

Aumento nos Ganhos ao Longo da Vida = (US$80.000 + US$120.000) × 2

Portanto:

Aumento nos Ganhos ao Longo da Vida = US$400.000

Isso implica que os ganhos ao longo da vida precisariam aumentar em cerca de US$400 mil (ou US$10 mil por ano) para que o diploma valha a pena. Talvez alguns cursos de graduação não propiciem um aumento dessa magnitude, mas muitos deles o farão.

É por isso que assumir dívidas para obter um diploma costuma ser uma decisão fácil. Infelizmente, quando se trata de se endividar para comprar uma casa ou iniciar um pequeno negócio, o cálculo não é tão simples.

Claro, as explicações anteriores consideraram apenas o custo financeiro de assumir dívidas, mas também pode haver custos não financeiros.

Os Custos Não Financeiros da Dívida

Assumir dívidas pode ser muito mais do que uma decisão financeira. Pesquisas empíricas demonstraram que isso também pode afetar a saúde mental e física, dependendo do *tipo* de dívida.

Por exemplo, uma pesquisa publicada no *Journal of Economic Psychology* constatou que as famílias britânicas com níveis mais altos de dívida do cartão de crédito eram "significativamente menos propensas a relatar bem-estar psicológico".[38] No entanto, tal associação não foi encontrada ao examinar as famílias com dívida de financiamento imobiliário.

Pesquisadores da Universidade Estadual de Ohio corroboraram essas descobertas ao relatarem que empréstimos consignados, cartões de crédito e empréstimos de familiares e amigos causavam mais estresse, enquanto o financiamento imobiliário causava menos.[39]

Quanto à saúde física, um estudo publicado na *Social Science & Medicine* constatou que, entre as famílias norte-americanas, altas dívidas financeiras relacionadas ao patrimônio estavam associadas a "maior estresse e depressão percebidos, pior saúde geral autodeclarada e maior pressão arterial diastólica". Isso se manteve verdadeiro mesmo após a análise de status socioeconômico, indicadores de saúde e outros fatores demográficos.[40]

Em todos esses estudos, a responsabilidade recaiu sobre *dívidas finan-ceiras não relacionadas a financiamento imobiliário*. Idealmente, você deve evitar esse tipo de dívida, quando possível.

Entretanto, isso não significa que outros tipos de dívida não possam causar estresse. Na verdade, dependendo da sua personalidade, é aconse-lhável evitar dívidas de qualquer tipo.

Por exemplo, uma pesquisa com universitários descobriu que aque-les com atitudes mais econômicas em relação ao dinheiro expressavam maior preocupação com a dívida do cartão de crédito, independente-mente do nível de dívida.[41]

Isso sugere que algumas pessoas sempre terão uma forte aversão à dívida, mesmo que não estejam com problemas financeiros. Conheço pessoas assim. Elas quitaram o financiamento imobiliário sem precisar, apenas pela paz de espírito.

Embora não tenha sido a decisão ideal do ponto de vista financeiro, pode ter sido do ponto de vista psicológico. Caso você tenha aversão à dí-vida, talvez seja útil evitar qualquer tipo, apesar de alguns dos benefícios mencionados.

Dívida como Escolha

Após revisar a literatura sobre os custos financeiros e não financeiros da dívida, constatei que as pessoas que mais se beneficiam de seu uso são as que podem *escolher* quando assumi-la. Se você conseguir usar a dívida estrategicamente para reduzir o risco ou aumentar o retorno, poderá se beneficiar dela.

Infelizmente, muitas das famílias que atualmente utilizam a dívida não têm esse luxo. De acordo com a Bankrate, entre os 28% de pes-soas que tiveram uma despesa imprevista em 2019, o custo médio foi de US$3.518.[42] Esse custo é significativo e pode explicar por que as famílias de baixa renda precisariam assumir dívidas para cobri-lo.

Mais importante, é quase garantido que despesas como essa ocorram para todas as famílias em algum momento no futuro. Se presumirmos que, a cada ano, a probabilidade de ter uma despesa de emergência é de 28%, então, ao longo de 5 anos, a probabilidade de ter *pelo menos uma* despesa de emergência é de 81% e, ao longo de 10 anos, é de 96%!

Infelizmente, aqueles que recorrem à dívida para cobrir uma despesa de emergência podem acabar em um ciclo vicioso do qual é difícil de escapar. Como observou a LendingTree no final de 2018, um terço dos norte-americanos ainda estava endividado por causa de uma despesa de emergência anterior.[43]

Ainda que muitas dessas famílias encontrem uma forma de sair da dívida, uma parcela significativa delas não consegue. Conforme constatado por pesquisadores do Federal Reserve, embora 35% das famílias norte-americanas enfrentem dificuldades financeiras (ou seja, inadimplência grave) em algum momento da vida, 10% delas representam cerca de metade de todos esses eventos.[44] Para uma minoria, a dívida não é uma escolha, mas uma obrigação.

Destaco esse ponto porque, se você é alguém que está apenas *considerando* assumir dívidas, então é mais afortunado do que imagina.

Agora que discutimos dívidas em geral, abordaremos a dúvida mais comum da maioria das pessoas — alugar ou comprar uma casa?

7.

ALUGAR OU COMPRAR?

Sua maior decisão financeira

E M 1972, MEUS avós compraram sua casa na Califórnia por US$28 mil. Hoje, ela vale cerca de US$600 mil, mais de 20 vezes o que pagaram. Mesmo após o ajuste pela inflação, o valor triplicou. Mas, além do retorno financeiro, naquela casa, meus avós criaram três filhos, incluindo minha mãe, e ajudaram na criação de sete netos, incluindo eu.

Adoro aquela casa. Passei quase todas as minhas vésperas de Natal lá. Na cozinha, lembro-me de comer deliciosas panquecas cobertas de manteiga de amendoim feitas pela minha avó. Lembro-me da marca permanente no sofá, onde meu avô se sentava e assistia à televisão. Lembrome dos ladrilhos no quintal, onde caí e cortei a sobrancelha esquerda quando criança. Toda vez que me olho no espelho, vejo a cicatriz e me lembro disso.

Ao ouvir histórias como essa, é fácil entender por que a casa própria tem sido exaltada em detrimento do aluguel. Além de ajudar a construir riqueza financeira, ela também contribui para a riqueza social, fornecendo uma base estável para constituir família. Alguns consideram esse retorno *emocional* sobre o investimento algo inestimável.

Mas, antes de declararmos a casa própria como vencedora no debate aluguel versus compra, precisamos considerar seus muitos outros custos.

Os Custos da Casa Própria

Além do financiamento imobiliário, a casa própria tem uma série de custos únicos e contínuos. Os custos únicos consistem em valor de entrada e taxas relacionadas à compra, enquanto os custos contínuos incluem impostos, manutenção e seguro.

O valor de entrada costuma ficar entre 3,5% e 20% do preço de compra da casa. Poupar essa quantia pode levar tempo, mas o próximo capítulo discutirá a melhor forma de fazer isso.

Após o valor de entrada, também haverá custos finais, aproximadamente 2% a 5% do preço da casa. Esses custos incluem taxas de processamento, taxas de avaliação, taxas de solicitação/quitação etc. Embora alguns vendedores possam cobrir os custos finais para os compradores, isso depende da capacidade (sua ou do seu corretor) de negociar.

Os corretores são um dos outros grandes custos de comprar uma casa. Eles geralmente cobram uma comissão de 3% por cada casa que ajudam a comprar/vender. No caso de dois corretores envolvidos na transação (um para o comprador e outro para o vendedor), 6% do valor total da casa precisará ser pago em comissões.

No total, os custos únicos de compra podem variar de 5,5% a 31% do preço da casa, dependendo do valor de entrada, dos custos finais e do número de corretores. Se ignorarmos o valor de entrada, os custos de transação associados à compra variam de 2% a 11% do preço da casa.

É por isso que comprar uma casa geralmente só faz sentido para as pessoas que pretendem ficar nela por um longo prazo. Por si só, os custos de transação podem comprometer qualquer valorização de preço esperada se você comprar e vender com muita frequência.

ALUGAR OU COMPRAR?

Além dos custos únicos, os custos contínuos também podem ser significativos. Após pagar pela casa em si, você também precisará pagar impostos sobre a propriedade, manutenção e seguro. Felizmente, o seguro costuma ser incluído na parcela mensal do financiamento imobiliário.

No entanto, o valor desses custos adicionais pode variar com base em alguns fatores. Por exemplo, os impostos serão determinados pelo local da casa e pela legislação tributária vigente.

Nos EUA, quando a Lei de Cortes de Impostos e Empregos de 2017 aumentou a dedução padrão, um dos principais benefícios de ser proprietário de uma casa (dedução dos juros de financiamento imobiliário) foi efetivamente eliminado. Além das que estão por vir, essa é uma das muitas mudanças no código tributário que afetarão os custos da casa própria.

Quando se trata de seguro, o local da casa e o valor de entrada determinarão quanto você tem que pagar. Um valor de entrada de menos 20% do preço da casa normalmente abarca o seguro de financiamento imobiliário, além do seguro residencial. Isso custará de 0,5% a 1% do valor de financiamento anualmente. Então, se você faz um financiamento imobiliário de $300 mil, o custo adicional será de $1.500 a $3.000 por ano, ou de $125 a $250 por mês para o seguro de financiamento imobiliário.

Por fim, a manutenção contínua de uma casa pode ser considerável, tanto da perspectiva financeira quanto da perspectiva temporal. Embora os custos financeiros variem dependendo de *onde* você mora e *quando* sua casa foi construída, a maioria dos especialistas recomenda reservar de 1% a 2% do preço da casa para custos anuais de manutenção. Isso significa que, em uma propriedade de $300 mil, o gasto esperado para mantê-la em bom estado é de $3 mil a $6 mil por ano.

Além dos explícitos custos financeiros associados à manutenção, também há custos de tempo significativos. Ouvi muitos relatos de amigos e familiares sobre como ser proprietário de uma casa é semelhante a ter um emprego de meio período. Seja agendando reparos ou fazendo por conta própria, a manutenção pode levar mais tempo do que se imagina.

Esse é um dos custos mais negligenciados da casa própria. Ao contrário do locatário, quando as coisas quebram, o proprietário tem que con-

CONTINUE A COMPRAR

sertá-las. Embora algumas pessoas apreciem esse tipo de serviço, muitas o detestam.

Quer examinemos os custos únicos ou os custos contínuos, a casa própria pode ser mais um passivo do que um ativo em certos casos. É claro que os locatários não estão isentos desses custos financeiros, que provavelmente já são incluídos no aluguel mensal.

No entanto, da perspectiva de risco, o locatário e o proprietário experimentam esses custos de forma muito diferente. O locatário *sabe* exatamente o que terá que pagar no futuro previsível, enquanto o proprietário não. Por exemplo, os custos de manutenção podem ser 4% do preço da casa dentro de um determinado ano, ou 0%. Isso é algo que afetaria o proprietário, mas não teria efeito sobre o locatário.

Como resultado, a casa própria é geralmente mais arriscada do que o aluguel de curto prazo. Ao longo de um ano, os custos associados à casa própria são muito mais variáveis do que os custos associados ao aluguel. Entretanto, se considerarmos períodos maiores, esse aspecto muda.

Os Custos do Aluguel

O custo principal do aluguel (além do pagamento mensal) é o risco de longo prazo. Esse risco aparece em futuros custos desconhecidos de moradia, instabilidade na situação de vida e custos contínuos de mudança.

Por exemplo, embora possam fixar o preço de moradia em 12 a 24 meses, os locatários não têm ideia de quanto pagarão após uma década. Como resultado, eles pagarão o preço de mercado, que pode variar amplamente. Compare essa questão com um proprietário que *sabe* exatamente quanto pagará pela moradia no futuro.

Mais importante, quando se é um locatário, a situação de moradia é muito menos estável a cada ano. Você pode encontrar um lugar que adora, mas ser forçado a se mudar só porque o proprietário aumentou consideravelmente o aluguel. Essa instabilidade pode causar problemas financeiros e psicológicos, especialmente para aqueles que tentam constituir família.

Por fim, devido à instabilidade na moradia, os locatários têm que se mudar com muito mais frequência do que os proprietários. Sei muito bem, pois já morei em oito apartamentos diferentes nos EUA desde 2012 (cerca de um por ano). E, embora algumas dessas mudanças tenham sido fáceis graças a amigos e familiares, algumas exigiram empresas especializadas e foram muito mais onerosas.

Independentemente da perspectiva, os locatários enfrentam riscos de longo prazo que muitos proprietários não enfrentam. No entanto, um risco improvável para os locatários é o bom retorno sobre o investimento.

Moradia como Investimento

Quando se trata de moradia como investimento, infelizmente, os dados não são tão promissores. Robert Shiller, economista vencedor do Prêmio Nobel, calculou que o retorno de moradia nos EUA, ajustado pela inflação, foi "apenas 0,6% ao ano" de 1915 a 2015.[45] Mais importante, a maior parte desse retorno ocorreu *após* o ano 2000.

Como o gráfico a seguir ilustra, do final dos anos 1800 ao final dos anos 1900, o retorno de moradia nos EUA praticamente não teve alteração após o ajuste.

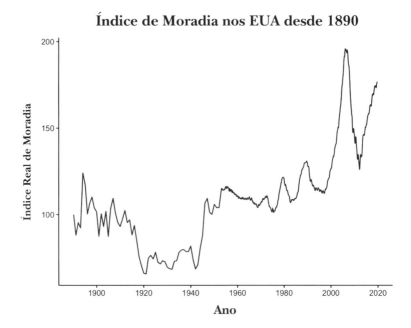

Isso significa que, durante cem anos, a moradia nos EUA não apresentou mudanças significativas em seu valor ajustado pela inflação. As últimas décadas revelaram um aumento nos preços de imóveis residenciais nos EUA, mas não estou confiante de que essa tendência continuará no futuro.

Ao analisar a moradia nos EUA como investimento, é preciso compará-la com o desempenho de outro ativo no mesmo período. Isso é conhecido como *custo de oportunidade*.

Por exemplo, meus avós compraram a casa deles de US$28 mil, pagando o financiamento imobiliário de US$280 de 1972 a 2001. Por volta de 2001, a casa foi avaliada em cerca de US$230 mil. Mas e se, em vez de comprá-la, eles tivessem investido esse dinheiro no S&P 500?

Se tivessem investido US$280 por mês no S&P 500 de 1972 a 2001, eles teriam acumulado mais de US$950 mil em 2001, após reinvestidos os dividendos. E isso sem incluir o valor de entrada! Se também o investissem, teriam acumulado mais de US$1 milhão em 2001.

Apesar de meus avós viverem na Califórnia, que, por várias décadas, teve um dos melhores retornos na história imobiliária dos EUA, a casa lhes rendeu cerca de um quarto do que um investimento semelhante em uma ampla cesta de ações lhes teria rendido.

É claro que manter ações do mercado norte-americano por três décadas é muito mais difícil emocionalmente do que pagar um financiamento imobiliário. Quando você tem uma casa, não vê o preço cotado diariamente e é provável que nunca veja o valor ser reduzido pela metade. No entanto, isso não se aplica às ações do mercado norte-americano. De fato, de 1972 a 2001, houve três grandes crises de mercado (1974, 1987 e a bolha da internet), e duas delas tiveram quedas de mais de 50%!

Isso é o que torna a moradia um ativo fundamentalmente diferente de ações ou outros ativos de risco. Embora seja improvável que sua casa desvalorize muito, também é improvável que ela lhe traga riqueza no longo prazo. Mais importante, mesmo que o preço da sua casa aumente significativamente, você só pode extrair esse valor se vender e comprar uma casa mais barata em outro local, ou se vender e voltar ao aluguel.

Isso significa que você deve sempre optar pelo aluguel e investir qualquer dinheiro que gastaria na compra de uma casa em outros ativos? Não necessariamente. Como já mencionado, existem razões não financeiras para ser proprietário de uma casa. Porém, mais importante, também existem razões sociais pelas quais você deve considerar a casa própria.

Comprar uma Casa Não É uma Questão de Se, mas Quando

Embora seja improvável que sua casa constitua um investimento excelente no longo prazo, há razões sociais pelas quais você deveria comprar uma. De acordo com a Pesquisa de Finanças do Consumidor, a taxa de casa própria nos EUA foi de 65% em 2019.[46] E, se considerarmos as famílias com níveis mais altos de renda e riqueza, essa taxa só parece aumentar.

Por exemplo, pesquisadores do Departamento do Censo dos EUA constataram que, em 2020, a taxa da casa própria era de quase 80% para as famílias com renda maior do que a mediana.[47] E meus próprios cálculos sugerem que essa taxa é de mais de 90% para as famílias com patrimônio líquido superior a US$1 milhão na Pesquisa de Finanças do Consumidor.

Por que a casa própria é tão universal? Além dos subsídios do governo e das normas culturais que a promovem, a casa própria também é a principal maneira pela qual muitas famílias dos EUA acumulam riqueza.

Usando dados de 2019 da Pesquisa de Finanças do Consumidor, pesquisadores descobriram que a casa própria representava "quase 75% dos ativos totais das famílias de baixa renda… mas, para as famílias de alta renda, essa porcentagem era de apenas 34".[48] Não importa em qual faixa de renda você se enquadre, sua casa provavelmente será uma fonte de construção de riqueza, mesmo que não seja a ideal.

Mais importante, comprar uma casa provavelmente será a sua maior decisão financeira. E essa decisão é socialmente aceitável e extremamente crítica para muitos outros aspectos. A moradia determina em qual bairro as pessoas vivem, onde seus filhos estudam etc. Se você decidir ser um locatário ao longo da vida, tudo bem, mas pode ser excluído de certas comunidades como resultado.

É por isso que a maioria das pessoas que pode comprar uma casa geralmente o faz. Portanto, a pergunta mais importante não é se você deve comprar ou alugar, mas *quando* deve comprar em vez de alugar.

Qual É o Momento Certo para Comprar uma Casa?

O momento certo para comprar uma casa é quando se atende aos seguintes requisitos:

- Você planeja morar naquele local por pelo menos dez anos.
- Você tem uma vida pessoal e profissional estável.
- Você tem condições financeiras de arcar com a compra.

Se você não atende a esses requisitos, então é melhor optar pelo aluguel. Deixe-me explicar.

Visto que os custos de transação da compra são de 2% a 11% do preço da casa, é melhor garantir uma permanência longa o suficiente para compensá-los. Para fins práticos, vamos supor que os custos de transação são de 6%. Usando a estimativa de Shiller de 0,6% ao ano, isso significa que levaria dez anos para a moradia típica nos EUA valorizar o bastante para compensar esses custos de 6%.

De modo semelhante, se você planeja morar em uma área por dez anos, mas sua vida pessoal ou profissional não é estável, então comprar pode não ser a escolha certa. Por exemplo, se você comprar uma casa enquanto estiver solteiro, talvez tenha que vendê-la para adquirir uma casa maior caso queira constituir família. Além disso, se você está sempre mudando de emprego ou sua renda é altamente variável, um financiamento imobiliário pode colocar suas finanças em risco. De qualquer forma, a instabilidade pode acarretar custos de transação maiores no longo prazo.

É por isso que o financiamento imobiliário funciona melhor quando se é mais capaz de prever o futuro. Claro, o futuro nunca é certo, mas quanto mais conhecimento você tiver sobre ele, maiores as chances de comprar uma casa com facilidade.

Ter condições financeiras de arcar com a compra a torna ainda mais fácil. Isso significa ter um valor de entrada de 20% e manter a relação dívida/renda abaixo de 43%. Escolhi 43%, pois essa é a relação máxima para que o financiamento imobiliário seja viável (ou seja, de menor risco).[49] Como lembrete, a relação dívida/renda é definida da seguinte forma:

Relação Dívida/Renda = Dívida Mensal/Renda Mensal

Então, se você planeja um financiamento imobiliário de $2 mil por mês e atualmente tem renda bruta mensal de $5 mil, a relação dívida/renda seria de 40% ($2.000/$5.000), supondo que você não tenha outras dívidas a pagar. Claro, se essa relação for menor, ótimo.

Além disso, o valor de entrada não precisa ser de 20%, mas você *deve ser capaz de pagá-lo*. Essa distinção é importante. Ter um valor de entrada de 20% demonstra a responsabilidade financeira de poupar dinheiro suficiente ao longo do tempo.

CONTINUE A COMPRAR

Portanto, se você pode pagar um valor de entrada de 20%, mas opta por não fazê-lo, ainda ficará em uma situação confortável. Entendo que colocar todo esse dinheiro em um investimento ilíquido, como uma casa, pode ser arriscado no curto prazo. Porém, um valor de entrada maior geralmente significa uma casa mais cara (e talvez mais ampla).

Se você está decidindo se deve poupar para adquirir uma casa maior ou se deve comprar a primeira casa e fazer a transição mais tarde, recomendo a primeira alternativa. Considerando os custos de transação, é melhor esperar para comprar algo um pouco acima do orçamento do que comprar uma primeira casa e vendê-la dentro de alguns anos.

Sei que parece arriscado, mas, ao comprar uma casa, o maior risco está nos primeiros anos. Com o passar do tempo, é provável que sua renda aumente com a inflação, mas a parcela do financiamento imobiliário não.

Meus avós vivenciaram isso em primeira mão depois que o financiamento imobiliário foi reduzido pela metade (em termos reais) devido à alta inflação dos anos 1970. Em 1982, eles estavam pagando metade do que pagavam uma década antes. Um locatário não teria esse benefício.

Seja qual for sua escolha, o importante é fazer o melhor para a situação pessoal e financeira. Como comprar uma casa provavelmente será sua maior e mais emocional decisão financeira, é preciso dedicar tempo para refletir.

Independentemente de onde você está na jornada aluguel versus compra, é essencial saber a melhor forma de poupar para o valor de entrada. Esse é o foco do próximo capítulo.

8.

COMO POUPAR PARA UM VALOR DE ENTRADA (E OUTRAS GRANDES COMPRAS)

Por que o horizonte temporal é tão importante

V OCÊ OPTOU POR um grande passo.

Deseja comprar sua primeira casa, se casar ou talvez adquirir um carro novo. Seja qual for seu objetivo, é hora de poupar.

Mas qual é a melhor forma de fazer isso? Manter o dinheiro em espécie ou investi-lo enquanto espera?

Perguntei a alguns consultores financeiros com quem trabalhei ao longo dos anos e todos me deram a mesma resposta — dinheiro em espécie. Quando se trata de poupar para um valor de entrada (ou outra grande compra), o dinheiro em espécie é mais seguro. Ponto final.

Já sei o que você está pensando. *E quanto à inflação?* Sim, enquanto você poupa, a inflação custará alguns pontos percentuais por ano. No entanto, visto que você está poupando apenas por um curto período (alguns anos), o impacto será pequeno.

Por exemplo, se você precisasse poupar $24 mil para o valor de entrada de uma casa e só conseguisse guardar $1.000 por mês, levaria 24 meses (dois anos) para ter a quantia total sem inflação.

Porém, com uma inflação anual de 2%, você precisaria de um mês extra poupando $1.000 para atingir a meta. Isso significa que, devido à inflação, você teria que poupar $25 mil em valores nominais para obter $24 mil de poder de compra real em 2 anos.

Não é o ideal, mas é um pequeno preço a se pagar pela garantia de que você terá seu dinheiro quando precisar. No contexto geral, o mês extra não é um custo significativo. É por isso que o dinheiro em espécie é a forma mais segura e menos arriscada de poupar para uma grande compra futura.

Mas e se você quisesse evitar a inflação enquanto poupa? E se precisasse poupar por um período superior a dois anos? O dinheiro em espécie ainda seria a melhor opção?

Para responder, vejamos como, ao longo da história, poupar em espécie se compara a poupar em títulos.

Os Títulos Superam o Dinheiro em Espécie?

Para testar se investir em títulos é melhor do que manter o dinheiro em espécie, podemos aplicar o mesmo exercício de economias de $1.000 por mês, mas, dessa vez, investiremos esse valor em títulos do Tesouro dos EUA. Fazemos isso por meio de um fundo negociado em bolsa (ETF, na sigla em inglês), ou fundo de índice. Ao comprar títulos do Tesouro dos EUA, é possível obter certo retorno e, ao mesmo tempo, manter um ativo de baixo risco.

Ótimo, não é?

Bem, baixo risco não é o mesmo que nenhum risco. Como ilustra o gráfico a seguir, os títulos de médio prazo do Tesouro dos EUA regularmente sofrem quedas de 3% ou mais em valor.

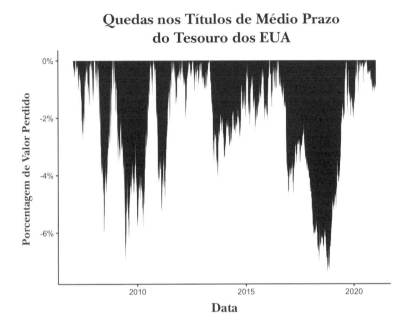

Essas oscilações normais nos preços mostram por que investir as economias em títulos poderia *adiar ainda mais* a meta em comparação com poupar em espécie.

Voltando ao nosso exemplo de economias de $1.000 por mês até alcançar $24 mil, uma queda de 3% nos preços dos títulos perto da linha de chegada reduziria o valor do portfólio em quase $750 (~3% de $24 mil). Essa queda no valor seria pior do que uma queda semelhante no começo, pois há mais dinheiro investido e, portanto, mais a perder.

A fim de compensar essa queda, seria necessário poupar $1.000 a mais (ou seja, poupar por um mês adicional) para atingir a meta de $24 mil. Mesmo com títulos, pode levar mais do que os 24 meses esperados para alcançar a quantia total.

De fato, se aplicarmos esse cenário de economias em todos os períodos desde 1926, é exatamente essa a constatação. Em média, leva 25 meses para poupar $24 mil ao investir $1.000 por mês em títulos do Tesouro dos EUA (após o ajuste pela inflação).

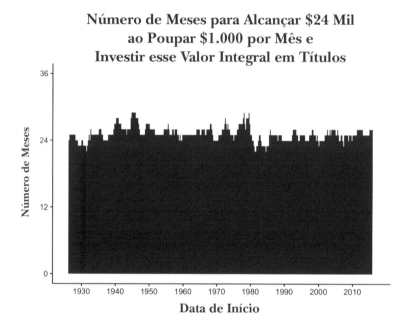

Como é possível perceber, ao investir em títulos, às vezes leva mais e às vezes leva menos de 25 meses para atingir a meta.

Ainda assim, a meta é atingida em menos tempo ao investir em títulos do que ao poupar em espécie. Se repetirmos o exercício, poupando em espécie desde 1926, constatamos que, na verdade, leva 26 meses em média para alcançar a quantia total de $24 mil após o ajuste pela inflação.

Por que é um período maior? Porque a inflação varia ao longo do tempo! Se a inflação fosse constante em 2%, sempre levaria 25 meses para alcançar $24 mil ao poupar em espécie.

No entanto, uma inflação mais alta significa mais tempo para atingir a meta. Na verdade, em alguns períodos, levaria quase 30 meses poupando $1.000 em espécie para alcançar $24 mil.

COMO POUPAR PARA UM VALOR DE ENTRADA (E OUTRAS GRANDES COMPRAS)

Embora os títulos geralmente superem o dinheiro em espécie quando se poupa por cerca de dois anos, a diferença não é muito grande. Como já mencionei, para poupar $24 mil, leva 25 meses no caso dos títulos e 26 meses no caso do dinheiro em espécie.

Um mês extra é um ínfimo inconveniente comparado à possibilidade de queda nos preços dos títulos quando você precisar do dinheiro.

Na verdade, cerca de 30% do tempo desde 1926 você teria ficado na mesma, ou em uma situação melhor, ao manter o dinheiro em espécie em vez de investir em títulos para atingir a meta de $24 mil.

Isso sugere que, ao poupar por menos de dois anos, o dinheiro em espécie é a melhor opção, pois há menos risco envolvido. A intuição dos consultores financeiros com quem conversei foi precisa a esse respeito.

Mas e se uma grande compra exigir economias de mais de dois anos? Você deve mudar a estratégia?

E Se Você Precisar Poupar por Mais de Dois Anos?

Quando se trata de poupar por um horizonte temporal superior a dois anos, manter o dinheiro em espécie pode ser muito mais arriscado do que se imagina.

Por exemplo, se você quisesse alcançar $60 mil poupando $1.000 por mês em espécie, seria de esperar que levasse 60 meses (cinco anos) em um mundo sem inflação.

No entanto, ao aplicar o exercício desde 1926, em 50% do tempo, levaria de 61 a 66 meses (um a seis meses a mais do que o esperado) para atingir a meta; e, em 15% do tempo, levaria 72 meses ou mais (doze meses a mais do que o esperado).

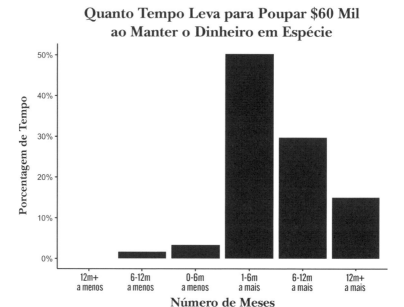

Em média, ao manter o dinheiro em espécie, leva 67 meses para atingir a meta de $60 mil. Por quê? Porque o horizonte temporal mais longo aumenta o impacto da inflação no poder de compra.

Em comparação, ao investir em títulos, leva apenas 60 meses, em média, para atingir a meta de $60 mil.

COMO POUPAR PARA UM VALOR DE ENTRADA (E OUTRAS GRANDES COMPRAS)

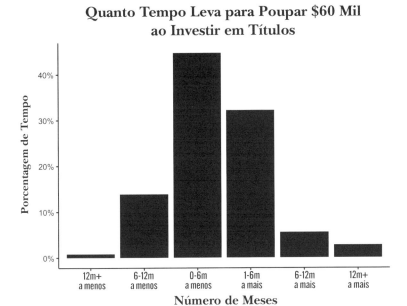

Como propiciam certo retorno, os títulos compensam o impacto da inflação e ajudam a preservar o poder de compra.

Mais importante, em comparação com a meta de $24 mil em 24 meses, tentar poupar $60 mil em 60 meses é muito mais arriscado no caso do dinheiro em espécie.

Não se trata mais de um ou dois meses de economias extras para compensar o impacto da inflação, mas, sim, de sete meses, em média.

Sim, existem alguns cenários em que é possível atingir a meta de $60 mil em 60 meses ao manter o dinheiro em espécie, mas é pouco provável. Devido ao horizonte temporal mais longo, o risco do dinheiro em espécie é maior do que o dos títulos.

Isso fica mais claro ao observar quantos *meses adicionais* o dinheiro em espécie requer para atingir a mesma meta de $60 mil em comparação com os títulos, conforme mostrado no gráfico a seguir.

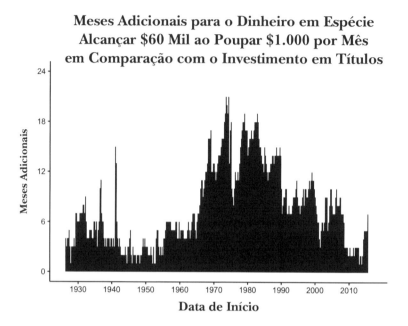

Como é possível perceber, ao poupar por um horizonte temporal mais longo, o dinheiro em espécie teve um desempenho inferior ao dos títulos em todos os períodos testados.

Isso significa que há um ponto ideal no qual você deve abandonar o dinheiro em espécie e focar os títulos? Não exatamente, mas podemos chegar a uma boa estimativa.

Por exemplo, considerando que um horizonte temporal de dois anos favorece ligeiramente o dinheiro em espécie e um horizonte temporal de cinco anos favorece claramente os títulos, o "ponto de transição" estará entre esses períodos. Após analisar os dados, descobri que esse ponto parece estar em torno da marca de três anos.

Se você precisa poupar por menos de três anos, opte pelo dinheiro em espécie. Se precisa poupar por mais de três anos, escolha os títulos.

Se usasse essa estratégia ao longo da história, você atingiria uma meta de 36 meses em cerca de 37 meses com os títulos e 39 meses com o dinheiro em espécie. É uma boa regra geral respaldada por evidências históricas e que funcionou em períodos de alta inflação, baixa inflação e em qualquer outro cenário.

Isso levanta a questão: as ações são ainda melhores do que os títulos?

As Ações Superam os Títulos?

Agora, consideremos investir as economias de $1.000 por mês no S&P 500, e não nos títulos do Tesouro dos EUA.

Como essa estratégia se sai em comparação aos títulos? Na maioria das vezes, ela se sai melhor, mas às vezes se sai muito pior.

Por exemplo, se você poupasse $1.000 por mês para alcançar $60 mil, em média levaria 60 meses com o investimento em títulos, mas apenas 54 meses com o investimento em ações.

O gráfico a seguir mostra o número de meses que levaria para atingir a meta de $60 mil ao longo da história ao investir em ações. Por exemplo, se você começasse a investir $1.000 por mês em ações do mercado norte-americano em 1926, alcançaria $60 mil em cerca de 37 meses.

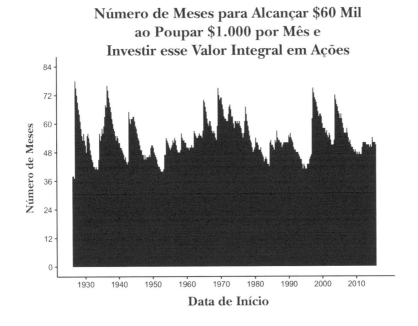

CONTINUE A COMPRAR

No entanto, como demonstram os picos no gráfico, às vezes levaria muito mais tempo para atingir a meta, com alguns períodos ultrapassando 72 meses.

Por quê?

Porque, em comparação a investir em títulos, investir em ações durante grandes crises (por exemplo, 1929, 1937, 1974, 2000 e 2008) significaria poupar e investir por um ano adicional (ou mais) para atingir a meta.

Mais importante, essa análise pressupõe a capacidade de investir $1.000 todos os meses, *independentemente* das condições econômicas subjacentes. Mas isso nem sempre é possível.

Após uma grande crise de mercado, você pode perder o emprego ou ter outras necessidades financeiras que o impeçam de poupar. Esse é o risco das ações.

Porém, a forma de investir as economias para uma grande compra não precisa ser uma decisão de tudo ou nada. Você não precisa escolher entre um portfólio 100% de ações e um portfólio 100% de títulos.

Na verdade, ao poupar para uma grande compra que ocorrerá em cinco anos (ou mais), você pode usar um portfólio equilibrado que se adéque melhor ao seu cronograma e perfil de risco.

Por que o Horizonte Temporal É o Fator Mais Importante

Com base nas evidências mencionadas, o período de economias para uma grande compra deve determinar a forma como você poupa.

Em períodos mais curtos, o dinheiro em espécie é a melhor alternativa. Conforme a compra se torna mais distante no futuro, é preciso considerar outras opções. A menos que esteja disposto a arcar com as perdas anuais da inflação, será necessário possuir títulos e, possivelmente, ações para manter o poder de compra do dinheiro ao longo do tempo.

Por fim, essa análise pressupôs que você pouparia uma quantia constante ao longo do tempo até atingir a meta. No entanto, como mencionei nos capítulos anteriores, as finanças raramente são estáveis.

COMO POUPAR PARA UM VALOR DE ENTRADA (E OUTRAS GRANDES COMPRAS)

Se você atingir a meta *antes* do previsto, parabéns! Conseguirá fazer sua grande compra imediatamente.

Porém, se tiver que esperar para fazer a compra (por exemplo, um casamento com data fixa), você precisará investir o dinheiro de alguma forma para preservar o poder de compra. Infelizmente, isso significa renunciar ao dinheiro em espécie para priorizar opções de maior crescimento ou poupar mais do que o necessário para compensar a inflação.

De qualquer modo, algumas áreas de finanças pessoais podem ser mais arte do que ciência. É por isso que recomendo adaptar sua estratégia com base nas opções de investimento disponíveis na ocasião.

Agora que vimos como poupar para um valor de entrada, podemos seguir e responder a uma das perguntas mais importantes — quando é possível se aposentar?

9.

QUANDO É POSSÍVEL SE APOSENTAR?

E por que o dinheiro não é o fator mais importante

IMAGINE SE VOCÊ tivesse uma bola de cristal que pudesse lhe revelar o seu futuro financeiro. Uma esfera mágica que soubesse todos os seus gastos e retornos de investimento nas próximas décadas. Com esse arte- fato, seria possível planejar perfeitamente a data da aposentadoria, conci- liando as necessidades de gastos com a renda mensal ao longo do tempo.

Infelizmente, tal objeto não existe. Embora possamos estimar os gas- tos futuros com base no estilo de vida esperado, não sabemos quais retor- nos de investimento você obterá nem quanto tempo viverá.

É por isso que William Sharpe, vencedor do Prêmio Nobel, chamou a aposentadoria de "o problema mais difícil e desagradável das finanças". Se fosse fácil, não haveria todo um setor dedicado a ajudar as pessoas a lidarem com esse período da vida.

Apesar da dificuldade do problema, existem algumas regras simples para definir quando é possível se aposentar. Uma delas é a *Regra dos 4%*.

A Regra dos 4%

William Bengen tentou descobrir quanto os aposentados poderiam resgatar de seus portfólios a cada ano sem acabar com o dinheiro. Em 1994, ele publicou uma pesquisa que revolucionaria o mundo do planejamento financeiro.

Bengen constatou que, anualmente, os aposentados ao longo da história poderiam ter resgatado 4% de um portfólio 50/50 (ações/títulos) por pelo menos 30 anos sem acabar com o dinheiro, mesmo que o valor resgatado aumentasse 3% a cada ano para acompanhar a inflação.[50]

Portanto, se alguém tivesse um portfólio de $1 milhão, poderia resgatar $40 mil no primeiro ano, $41.200 no segundo e assim por diante por *pelo menos* 30 anos antes de ficar sem dinheiro. Na verdade, com a Regra dos 4%, ficar sem dinheiro tem sido historicamente improvável. Quando Michael Kitces, especialista em planejamento financeiro, analisou a Regra dos 4% desde 1870, ele descobriu que, após 30 anos, ela "quintuplicou a riqueza com mais frequência do que esgotou o principal".[51]

Mas, apesar de seu grande sucesso, a Regra dos 4% parece ser o limite quando se trata de resgates anuais. Ao testar um resgate de 5%, Bengen constatou que era uma porcentagem muito alta para funcionar consistentemente ao longo da história. Em alguns períodos, o resgate de 5% só propiciou aos aposentados 20 anos de renda antes de o dinheiro acabar. Como esse resultado era inaceitável, ele sugeriu 4% como a porcentagem mais *segura* para o futuro, e ela se tornou um padrão.

A vantagem da Regra dos 4% de Bengen era que ela fornecia uma solução simples para um problema complexo. Saber quanto se poderia gastar durante o primeiro ano de aposentadoria não era mais uma decisão estressante, mas um cálculo elementar.

Mais importante, a Regra dos 4% poderia ser usada para descobrir quanto era preciso poupar para a aposentadoria.

Já que, no primeiro ano, se pode gastar 4% das economias totais de aposentadoria, então:

- 4% × Economias Totais = Gastos Anuais

QUANDO É POSSÍVEL SE APOSENTAR?

Usando uma fração em vez de uma porcentagem, temos:

- 1/25 × Economias Totais = Gastos Anuais

Multiplicando ambos os lados por 25 para encontrar as Economias Totais, obtemos:

- Economias Totais = 25 × Gastos Anuais

Pronto!

Ao seguir a Regra dos 4%, você precisaria poupar 25 vezes seus gastos *esperados* no primeiro ano de aposentadoria. Ao atingir esse valor total de economias, você conseguiria se aposentar. É por isso que, no Capítulo 5, usei essa diretriz ao abordar como um aumento pode afetar as economias de aposentadoria. Era a Regra dos 4% disfarçada o tempo todo.

Felizmente, é provável que você precise poupar muito menos do que 25 vezes as despesas anuais para atender às necessidades de aposentadoria. Supondo que você receberá algum tipo de renda garantida (por exemplo, da Previdência Social), só precisará poupar 25 vezes os gastos esperados que *ultrapassem a renda futura*.

Por exemplo, se você planeja gastar $4 mil por mês na aposentadoria e espera receber $2 mil por mês em benefícios da Previdência Social, então só precisa poupar o bastante para cobrir o excedente de $2 mil por mês, ou $24 mil por ano.

Chamaremos essa quantia de Gastos Anuais Excedentes.

Portanto, a equação para definir quanto você precisa poupar é:

- Economias Totais = 25 × Gastos Anuais Excedentes

Ou seja, você precisaria poupar $600 mil para se aposentar ($24.000 × 25). No primeiro ano de aposentadoria, resgataria os $24 mil; no segundo, aumentaria o valor de resgate em 3% ($24.720) e assim por diante.

Apesar de sua simplicidade, a Regra dos 4% não está isenta de críticas.

Por exemplo, um argumento contrário é que ela foi criada em uma época em que os rendimentos de títulos e dividendos das ações eram muito maiores do que são hoje. Como resultado, alguns profissionais financeiros sugeriram que a Regra dos 4% se tornou inválida.

Como o rendimento é apenas a renda recebida de um título ou ação durante determinado período, se o rendimento cair, a renda também cairá. Então, se você pagasse $1.000 por um título com rendimento de 10%, receberia $100 de renda a cada ano. Porém, se os títulos propiciassem um rendimento de 1%, a maior renda gerada a partir de um investimento de $1.000 seria apenas $10 por ano. A mesma lógica se aplica aos dividendos das ações.

Embora os rendimentos tenham caído ao longo do tempo, Bengen afirma que a Regra dos 4% ainda é válida. Em outubro de 2020, no podcast Financial Advisor Success, ele argumentou que a porcentagem mais segura para resgate *aumentou* de 4% para 5%, pois a inflação é menor hoje do que no passado. Em suas palavras:

> "Quando se tem um ambiente de inflação baixa, os resgates aumentam muito mais lentamente. Então, ocorre uma compensação pelos retornos mais baixos."[52]

Se a lógica de Bengen for plausível, talvez a Regra dos 4% ainda seja a maneira mais simples de responder à pergunta: "Quando é possível se aposentar?"

No entanto, por mais que eu a aprecie, a Regra dos 4% supõe que os gastos dos aposentados permanecem constantes ao longo do tempo. Quando analisamos os dados, eles sugerem o contrário: os gastos diminuem à medida que as pessoas envelhecem.

Por que os Gastos Diminuem na Aposentadoria

Ao analisar o comportamento financeiro de mais de 600 mil famílias dos EUA, a J.P. Morgan Asset Management constatou que os gastos eram mais altos entre os norte-americanos com 45 a 49 anos de idade e diminuíam em cada faixa etária subsequente. Isso foi especialmente verdadeiro entre as famílias em idade de aposentadoria.

QUANDO É POSSÍVEL SE APOSENTAR?

Por exemplo, entre as famílias abastadas (com US$1 milhão a US$2 milhões em riqueza investível), observou-se que os gastos médios anuais eram de US$83.919 para aqueles com 65 a 69 anos de idade e de US$71.144 para aqueles com 75 a 79 anos — uma queda de 15% nos gastos do grupo mais jovem para o mais velho.[53]

Ao analisar os dados da Pesquisa de Despesas do Consumidor, a J.P. Morgan Asset Management chegou a uma conclusão semelhante. Entre os norte-americanos com 65 a 74 anos de idade, os gastos médios anuais eram de US$44.897, mas para aqueles com mais de 75 anos eram de apenas US$33.740 — o grupo mais velho gastava 25% a menos.

Além disso, a maior parte dessa diminuição nos gastos ocorreu nas categorias de vestuário e serviços, pagamentos de financiamento imobiliário e transporte. Faz sentido, pois as pessoas mais velhas têm maior probabilidade de quitar o financiamento imobiliário e menor probabilidade de comprar roupas ou veículos novos.

Mais importante, porém, a redução nos gastos também é observada *no mesmo grupo* ao longo do tempo. Não é apenas o fato de que, atualmente, os norte-americanos com 75 anos gastam menos do que os com 65 a 74 anos. Aos 75 anos, eles também gastam menos do que quando tinham 65 a 74 anos.

Pesquisadores do Centro de Pesquisa de Aposentadoria comprovaram esse aspecto após examinar o comportamento de gastos das famílias aposentadas ao longo do tempo. Eles descobriram que os gastos na aposentadoria geralmente diminuíam cerca de 1% ao ano.[54]

Supondo que essa estimativa seja precisa, ela sugere que uma família que gasta US$40 mil no primeiro ano de aposentadoria gastaria cerca de US$36 mil no décimo ano e apenas US$32 mil no vigésimo ano.

É por isso que a Regra dos 4% é conservadora quando se trata de gastos na aposentadoria. Ela pressupõe que os gastos *aumentarão* 3% a cada ano, embora as evidências empíricas sugiram que eles *diminuirão* 1% a cada ano. Claro, o conservadorismo é o que torna essa regra mais atraente para um típico aposentado.

No entanto, por mais que eu aprecie a simplicidade da Regra dos 4%, algumas pessoas não se sentirão confortáveis ao gastar seus ativos a cada ano. Caso você se identifique com essa situação ou planeje uma aposentadoria com duração muito superior a trinta anos, sugiro considerar a *Regra do Ponto de Interseção*.

A Regra do Ponto de Interseção

Outra forma de definir o momento de aposentadoria é encontrar o ponto em que a receita mensal de investimento ultrapassa os gastos mensais.

No livro *Your Money or Your Life*, de Vicki Robin e Joe Dominguez, isso é chamado de *ponto de interseção*.[55]

Como o nome indica, é o ponto de interseção entre a receita mensal e os gastos mensais, propiciando liberdade financeira. A Regra do Ponto de Interseção é importante, pois pode ser usada como um indicador de independência financeira em qualquer idade.

Por exemplo, se os gastos mensais são de $4 mil e os investimentos rendem mais de $4 mil por mês, então atingiu-se o ponto de interseção.

Mas como é possível encontrar a quantia necessária para alcançá-lo? Chamaremos essa quantia de *ativos de interseção*.

Vamos começar com a seguinte fórmula:

Receita Mensal de Investimento = Ativos de Interseção × Retorno Mensal de Investimento

Sabemos que essa fórmula é verdadeira, pois os Ativos Investíveis multiplicados pelo Retorno Mensal de Investimento serão iguais à Receita Mensal de Investimento.

Também sabemos que, no ponto de interseção, a receita mensal de investimento é igual aos gastos mensais. Portanto, podemos reorganizar a fórmula:

Gastos Mensais = Ativos de Interseção × Retorno Mensal de Investimento

Dividindo ambos os lados pelo Retorno Mensal de Investimento, podemos encontrar os Ativos de Interseção:

QUANDO É POSSÍVEL SE APOSENTAR?

Ativos de Interseção = Gastos Mensais/Retorno Mensal de Investimento

No exemplo, os Gastos Mensais foram de $4 mil. Portanto, para calcular os Ativos de Interseção, basta dividir esse valor pelo Retorno Mensal de Investimento esperado.

Então, se você espera que o investimento renda 3% ao ano, pode estimar o retorno mensal dividindo esse número por 12. Observe que esse método é apenas uma aproximação. Para obter a porcentagem exata, use a seguinte fórmula:

Retorno mensal = $(1 + \text{retorno anual})^{(1/12)} - 1$

Nesse caso, 3%/12 = 0,25% (ou 0,0025).

Se você dividir os gastos mensais pelo retorno mensal ($4.000/0,0025), obterá $1,6 milhão. Essa é a quantia necessária de ativos investíveis para alcançar o ponto de interseção. Em outras palavras, $1,6 milhão rendendo 0,25% ao mês (~3% ao ano) geraria uma receita mensal de $4 mil.

Como isso se compara à Regra dos 4%?

Considerando que a Regra dos 4% requer 25 vezes os gastos anuais para a aposentadoria, seria preciso $1,2 milhão (25 × $48 mil), um pouco menos do que o necessário para alcançar o ponto de interseção ($1,6 milhão). No entanto, isso ocorre apenas porque pressupomos um retorno anual de 3% sobre os ativos ao usar a Regra do Ponto de Interseção.

Se o investimento rendesse 4% ao ano, ambas as regras recomendariam o mesmo valor — $1,2 milhão.

Porém, a Regra do Ponto de Interseção é apenas mais uma tentativa de resolver um problema complexo (aposentadoria) com matemática simples. De qualquer maneira, apesar das regras, fórmulas e diretrizes apresentadas, é improvável que sua maior preocupação durante a aposentadoria seja dinheiro.

A Maior Preocupação na Aposentadoria

Até agora, para responder à pergunta "quando é possível se aposentar?", focamos os aspectos *financeiros*. No entanto, as finanças podem ser a menor de suas preocupações quando você finalmente decidir se aposentar.

Como Ernie Zelinski afirmou em *How to Retire Happy, Wild, and Free*:

> "Contrariando o senso comum, muitos elementos — não apenas um ou dois milhões no banco — contribuem para a felicidade e a satisfação dos aposentados. De fato, o bem-estar físico, o bem-estar psicológico e o sólido apoio social desempenham papéis maiores do que o status financeiro para a maioria dos aposentados."[56]

O livro de Zelinski sugere que, na aposentadoria, a preocupação não deve ser uma crise financeira, mas uma crise *existencial*. Já ouvi afirmações semelhantes de outras pessoas que alcançaram a independência financeira precocemente e detestaram.

Por exemplo, considere o que Kevin O'Leary, também conhecido como Mr. Wonderful do programa Shark Tank, disse sobre a aposentadoria após vender sua primeira empresa aos 36 anos:

> "Eu me aposentei por três anos. Fiquei muito entediado. O trabalho não se trata apenas de dinheiro. As pessoas só costumam perceber isso quando param de trabalhar.
>
> O trabalho define quem você é. Ele propicia um local para socializar, interagir com as pessoas o dia todo de formas pertinentes. Ele nos ajuda a viver mais e é benéfico para a saúde cerebral… Então, quando vou me aposentar? Nunca. Nunca.
>
> Não sei para onde vou após a morte, mas faço questão de trabalhar quando estiver lá."[57]

QUANDO É POSSÍVEL SE APOSENTAR?

Piadas à parte, O'Leary traz à tona o valor do trabalho e o quanto ele contribui para a identidade pessoal. Sem o trabalho, algumas pessoas podem achar difícil encontrar significado em outras áreas da vida.

O escritor Julian Shapiro resumiu esse aspecto perfeitamente ao discutir como seus amigos foram afetados por ganhar grandes somas de dinheiro:

> "Ao observar amigos que venderam startups e ganharam milhões, constatei que, após um ano, eles retomaram antigos projetos paralelos. Usaram o dinheiro para comprar uma boa casa e comer bem. Pronto. Depois, voltaram a ser quem eram."[58]

Zelinski, O'Leary e Shapiro têm razão. Decidir se aposentar é muito mais do que uma decisão financeira, é também uma decisão de *estilo de vida*. Portanto, para saber *quando* é possível se aposentar, você precisa descobrir *o que* fará ao se aposentar.

Como você passará o tempo?

Com quais grupos sociais vai interagir?

Qual será o seu propósito?

Após ter boas respostas para essas perguntas, é *possível* se aposentar. Caso contrário, você pode estar se preparando para um futuro de decepção e fracasso. Por mais que eu deseje seu sucesso financeiro, ele não importará se você não tiver bem-estar mental, emocional e físico.

Essa é uma das razões pelas quais não sou um grande fã do movimento FIRE (do inglês *Financial Independence, Retire Early*). Embora algumas pessoas consigam abandonar a correria frenética aos 35 anos e aproveitar a vida, outras acham isso muito mais difícil (e não por motivos financeiros).

Por exemplo, após uma discussão online sobre o FIRE, um homem chamado Terrence (nome fictício) me contatou no Twitter para descrever sua experiência como um nômade adepto do movimento. Ele havia se aposentado dois anos antes e agora viajava pelo mundo, morando em Airbnbs por um a três meses.

Embora seu estilo de vida parecesse glamouroso, Terrence descreveu sua vida como uma "existência solitária" que, em última análise, não funcionaria para a maioria das pessoas. Ele concluiu:

> "Adotar um estilo de vida nômade como adepto do FIRE significa aceitar que você não é mais relevante ou importante e que, de certa forma, opera no limbo entre a existência e a inexistência."[59]

Pode ser assustador. Embora não seja a regra na comunidade FIRE, a experiência de Terrence mostra algumas possíveis desvantagens da aposentadoria precoce.

Compartilho a história de Terrence, pois ela ilustra uma verdade importante. Embora possa resolver muitos problemas, o dinheiro não resolverá todos os problemas. Ele é apenas uma ferramenta para você conseguir o que quer da vida. Infelizmente, descobrir o que você quer da vida é a parte difícil.

Agora que discutimos a aposentadoria, um dos objetivos mais importantes, vamos avançar para a segunda parte deste livro. Comecemos com os motivos pelos quais você deve investir.

II.

INVESTIR

10.

POR QUE INVESTIR?

Três motivos pelos quais fazer seu dinheiro render é mais importante do que nunca

O CONCEITO DE APOSENTADORIA só passou a existir no final do século XIX. Antes, a maioria das pessoas trabalhava até o fim da vida. Nada de anos dourados. Nada de novos hobbies. Nada de longas caminhadas na praia.

Porém, em 1889, Otto von Bismarck, chanceler da Alemanha, mudou esse cenário ao criar o primeiro programa de aposentadoria patrocinado pelo governo. Na época, aqueles com mais de 70 anos se tornaram elegíveis para receber uma renda.

Quando questionado sobre o motivo do programa, Bismarck respondeu: "Pessoas incapacitadas para o trabalho devido à idade e à invalidez têm uma reivindicação bem fundamentada de assistência por parte do Estado."[60] Embora a idade de aposentadoria na Alemanha inicialmente tenha sido fixada em 70 anos, ela foi reduzida para 65 anos em 1916.

A ideia revolucionária de Bismarck acabaria inspirando programas de aposentadoria no mundo todo, inclusive nos EUA.

Por que essa ideia se popularizou? Porque as pessoas passaram a viver mais.

Em 1851, apenas cerca de 25% da população da Inglaterra e do País de Gales sobrevivia até os 70 anos. Em 1891, esse número chegou a 40% e, atualmente, mais de 90% das pessoas alcançam os 70 anos. Aumentos semelhantes foram observados nos EUA e em outros países desenvolvidos no mesmo período.[61]

O grande aumento na expectativa de vida global foi o catalisador para o conceito atual de aposentadoria. E, com a criação da aposentadoria, surgiu uma maior demanda por investimento e preservação de riqueza.

Antes, não havia a necessidade de investir, pois não existia um futuro individual para investir. Mas os avanços na saúde e na medicina nos últimos 150 anos mudaram as circunstâncias.

Agora, temos uma razão para investir. Temos um *porquê* que não existia. A aposentadoria, no entanto, não é o único propósito, apenas um dos mais importantes.

Neste capítulo, abordaremos os três principais *motivos* pelos quais você deve investir:

1. Poupar para o seu eu futuro.
2. Proteger seu dinheiro da inflação.
3. Substituir seu capital humano por capital financeiro.

Analisaremos cada uma dessas ideias e discutiremos por que elas são importantes para as finanças pessoais.

1. Poupar para o Seu Eu Futuro

Como já mencionado, poupar para o seu eu *mais velho* é um dos principais motivos pelos quais você deve investir. Considerando que um dia você não desejará ou não conseguirá trabalhar, o investimento propicia uma reserva de recursos para a velhice.

POR QUE INVESTIR?

Claro, talvez seja difícil imaginar uma versão mais velha de si mesmo, pois a sensação é a de que se trata de um desconhecido. Ela será semelhante ou muito diferente de você? Que experiências vão moldá-la ou defini-la? Será que você gostaria dela?

Apesar da possível diferença entre o seu eu futuro e o seu eu presente, a pesquisa demonstra que pensar sobre o seu eu futuro é uma das melhores formas de melhorar o comportamento de investimento.

Por exemplo, em um estudo, pessoas observaram imagens de si mesmas envelhecidas digitalmente para verificar se elas tinham algum impacto sobre como alocavam dinheiro para a aposentadoria. E teve!

As pessoas que viram essas imagens alocaram (em média) cerca de 2% a mais de sua remuneração para a aposentadoria do que aquelas que não viram.[62] Isso sugere que observar uma versão mais velha e *realista* de si mesmo pode ser útil para incentivar o comportamento de investimento no longo prazo.

Outros pesquisadores chegaram a conclusões semelhantes ao examinar quais *motivações* tinham o maior impacto no comportamento relacionado às economias. Eles descobriram que, além de poupar para uma emergência, as pessoas que citavam a aposentadoria como uma motivação costumavam poupar mais do que aquelas que alegavam outras razões.[63]

Isso significa que outras metas financeiras, como poupar para os filhos, para as férias ou para uma casa, *não* estavam associadas a um melhor comportamento relacionado às economias. No entanto, poupar para a aposentadoria, sim. Os pesquisadores descobriram que isso é verdade mesmo ao analisar indicadores socioeconômicos padrão, como a renda.

Como destaquei no Capítulo 3, a renda é um dos maiores determinantes do percentual de economias. Porém, essa descoberta sugere que, mesmo quando consideramos a renda, aqueles que usam a aposentadoria como uma motivação são *mais propensos* a poupar regularmente do que aqueles que não o fazem.

Portanto, se você deseja poupar e investir mais, seja egoísta (especialmente quando se tratar do seu eu *futuro*). Mas seu eu futuro não é o único motivo para investir. Também é preciso investir devido às forças financeiras que agem contra você todos os dias.

2. Proteger Seu Dinheiro da Inflação

Como Henny Youngman afirmou certa vez: "Os norte-americanos estão ficando mais fortes. Há 20 anos, eram necessárias 2 pessoas para carregar US$10 em compras. Hoje, uma criança de cinco anos consegue."

Infelizmente, ele não estava falando sobre um incremento na força física da juventude norte-americana, mas sobre o valor decrescente do dólar. A piada de Youngman destaca por que a inflação, ou o aumento geral dos preços ao longo do tempo, é uma realidade inevitável.

Podemos considerar a inflação um imposto invisível pago por todos os detentores de determinada moeda. Os detentores pagam esse imposto ano após ano sem nem perceber. As contas de supermercado aumentam lentamente, a manutenção de propriedades e veículos fica mais cara e o preço da educação sobe a cada ano. Mas a remuneração aumenta para compensar esses custos crescentes? Talvez sim. Talvez não.

De qualquer forma, o suplício causado pela inflação é constante. Embora costumem ser moderados no curto prazo, os efeitos da inflação podem ser bastante significativos durante longos períodos.

Conforme ilustra o gráfico a seguir, com uma inflação anual de 2%, o poder de compra de uma moeda será reduzido pela metade em um período de 35 anos. E, com uma taxa de inflação anual de 5%, o poder de compra será reduzido pela metade a cada 14 anos.

POR QUE INVESTIR?

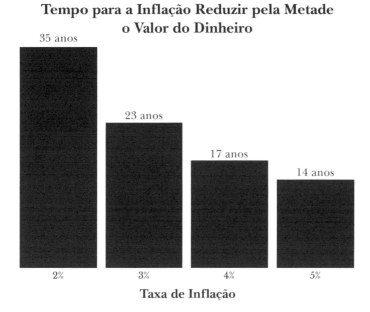

Isso implica que, sob níveis modestos de inflação, os preços dos bens de consumo diário deveriam *dobrar* a cada duas a três décadas, e muito mais rapidamente se a taxa de inflação for maior.

Um exemplo mais extremo de inflação (hiperinflação) ocorreu na República de Weimar, na Alemanha, após o fim da Primeira Guerra Mundial. A taxa de inflação era tão alta durante certos períodos que os preços costumavam mudar ao longo do dia.

Como Adam Fergusson descreveu em *When Money Dies*:

> "Havia histórias… de refeições em restaurantes que custavam mais quando as contas chegavam do que quando eram pedidas. Uma xícara de café de 5 mil marcos custaria 8 mil marcos até ser consumida."

Embora seja raro, esse tipo de situação ilustra os efeitos prejudiciais da inflação quando levados ao extremo.

No entanto, existe uma forma eficaz de defesa — investir. Ao possuir ativos que preservam ou aumentam o poder de compra ao longo do tempo, é possível compensar os efeitos da inflação.

Por exemplo, de janeiro de 1926 até o final de 2020, US$1 precisaria se tornar US$15 para acompanhar a inflação. Investir em títulos do Tesouro dos EUA ou em ações do mercado norte-americano seria suficiente?

Sim.

Se você investisse US$1 em títulos de longo prazo do Tesouro dos EUA em 1926, obteria US$200 (um valor treze vezes maior do que a inflação) até o final de 2020. E, se investisse US$1 em uma ampla cesta de ações do mercado norte-americano em 1926, obteria US$10.937 (um valor 729 vezes maior do que a inflação) no mesmo período!

Isso ilustra o poder do investimento para compensar os efeitos da inflação, bem como preservar e aumentar a riqueza.

Esse aspecto é especialmente verdadeiro para os aposentados, que serão obrigados a pagar preços mais altos sem o benefício de uma remuneração maior. Como os aposentados não trabalham, sua única arma contra a inflação é a valorização dos ativos. É importante ter consciência disso, sobretudo quando a aposentadoria se aproxima.

Na íntegra, embora existam algumas boas razões para manter o dinheiro em espécie (por exemplo, emergências, economias de curto prazo etc.), no longo prazo, isso é quase sempre uma opção ruim por causa do impacto anual da inflação. Portanto, se você deseja minimizar esse impacto, invista hoje seu dinheiro não emergencial.

Se combater a inflação não for o suficiente para incentivá-lo a investir, talvez se proteger contra o tempo seja.

3. Substituir Seu Capital Humano por Capital Financeiro

O último motivo pelo qual você deve investir seu dinheiro é substituir seu capital humano por capital financeiro.

No Capítulo 3, definimos capital humano como o valor de suas habilidades, seu conhecimento e seu tempo. Embora suas habilidades e seu conhecimento possam aumentar ao longo da vida, você nunca terá mais tempo.

Como resultado, investir é a única forma de se proteger contra a passagem do tempo e transformar seu capital humano *decrescente* em capital financeiro *produtivo*, que lhe trará rendimentos por um longo período no futuro.

Quanto Vale o Seu Capital Financeiro?

Primeiro, é preciso descobrir quanto vale o seu capital humano. Podemos fazer isso calculando o *valor presente* de seus ganhos futuros estimados.

O valor presente é a quantia de dinheiro que um recebimento futuro vale hoje. Por exemplo, se um banco promete pagar 1% ao ano sobre o seu dinheiro, você entregaria $100 hoje e receberia $101 daqui a um ano. Revertendo a lógica, esses $101 futuros têm um *valor presente* de $100.

Nesse exemplo, os $101 futuros são descontados para o presente usando uma taxa de juros de 1%, comumente chamada de *taxa de desconto*. Ao avaliar a renda perdida, a maioria dos advogados de danos pessoais utiliza uma taxa de desconto de 1% a 3%.

Portanto, se soubermos quanto você ganhará no futuro e tivermos uma taxa de desconto, podemos calcular o valor desses ganhos hoje.

Por exemplo, se você espera ganhar $50 mil por ano nos próximos 40 anos, os ganhos futuros totais seriam de $2 milhões. Porém, considerando uma taxa de desconto de 3%, esses ganhos futuros têm um valor presente de cerca de $1,2 milhão.

Isso implica que seu capital humano vale cerca de $1,2 milhão. Supondo que essas estimativas sejam precisas, você deveria estar disposto a trocar sua capacidade de trabalhar por U$1,2 milhão. Por quê? Porque você poderia usar esse valor para replicar seus ganhos futuros.

Em outras palavras, se você investisse $1,2 milhão hoje, com um rendimento anual de 3%, conseguiria resgatar $50 mil por ano nos próximos 40 anos antes de ficar sem dinheiro.

Como é possível perceber, esses recebimentos futuros de $50 mil são *idênticos* aos ganhos que você teria nos próximos 40 anos! É por isso que o capital humano e o capital financeiro podem ser considerados intercambiáveis.

Esse é um ponto importante, pois o seu capital humano é um ativo decrescente. Cada ano de trabalho reduz o valor presente do seu capital humano, visto que você tem um ano a menos de ganhos futuros.

Como resultado, a única forma de garantir uma renda no futuro (além da Previdência Social) é acumular capital financeiro.

Acumular Capital Financeiro para Substituir o Capital Humano

É possível visualizar o valor presente do seu capital humano diminuindo a cada ano enquanto o capital financeiro aumenta para compensá-lo. No gráfico a seguir, presumi que você ganha $50 mil por ano durante 40 anos, poupa 15% de sua renda e obtém um retorno anual de 6%.

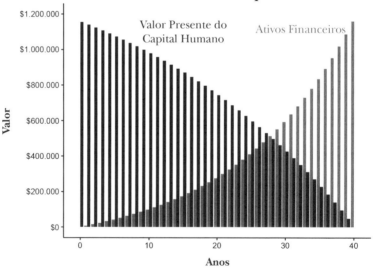

POR QUE INVESTIR?

Isso é o que deve acontecer à medida que você poupa e investe ao longo da vida. A cada ano, parte do dinheiro que você recebe enquanto trabalha deve ser convertida em capital financeiro. Ao assumir essa perspectiva, você perceberá que o dinheiro pode ser usado tanto para consumir bens quanto para *produzir* mais dinheiro.

Em essência, ao investir, você se reconstrói como um ativo financeiro, capaz de propiciar renda quando o trabalho deixar de ser uma opção. Assim, após não ter mais o emprego das 9h às 17h, seu dinheiro pode continuar trabalhando para você.

De todos os motivos pelos quais se deve investir, esse talvez seja o mais convincente e também o mais negligenciado.

Esse conceito ajuda a explicar por que alguns atletas profissionais ganham milhões por ano e, ainda assim, acabam falidos. Eles não convertem o capital humano em capital financeiro rápido o suficiente para manter seu estilo de vida ao deixarem o esporte profissional. Quando a maior parte dos ganhos ao longo da vida é obtida em um período de quatro a seis anos, poupar e investir se torna ainda mais importante do que é para um trabalhador típico.

Independentemente de como você ganha dinheiro, saber que, em determinado momento, não conseguirá mais trabalhar pode ser uma das melhores motivações para investir.

Agora que discutimos por que investir, vamos abordar *em que* investir.

11.

EM QUE INVESTIR?

Não há apenas um caminho verdadeiro para a riqueza

TALVEZ VOCÊ NUNCA tenha ouvido falar de Wally Jay, mas ele é considerado um dos maiores instrutores de judô de todos os tempos. Apesar de nunca ter competido nesse esporte (apenas no jiu-jitsu), Jay formou campeões em judô e outras artes marciais.

Uma de suas principais percepções foi que nem todo mundo aprende da mesma forma:

> "O maior erro de um instrutor é ensinar da mesma forma que foi ensinado. Certa vez, um professor me disse: 'Todos os meus alunos lutam como eu.' Ao subir no tatame, nenhum deles conseguiu vencer um dos meus. Nenhum. Então, expliquei que era preciso individualizar a instrução."[64]

A percepção de Jay — o que funciona para alguns não necessariamente funciona para outros — é tão verdadeira no judô quanto nos investimentos.

No entanto, os conselhos de investimento raramente são apresentados dessa maneira. Geralmente, um suposto guru afirma conhecer o único caminho verdadeiro para a riqueza. Mas, na realidade, há muitos caminhos. Existem muitas formas de vencer.

Como resultado, a fim de descobrir o que melhor se adapta às suas necessidades, a abordagem adequada é explorar *todos* esses caminhos. É por isso que, se você deseja construir riqueza, deve recorrer à compra contínua de um conjunto diversificado de ativos geradores de renda. Mencionei esse aspecto na Introdução. É o éthos central da filosofia Continue a Comprar.

A parte difícil é determinar *quais tipos* de ativos geradores de renda você deve possuir. Ao criar um portfólio, a maioria dos investidores raramente vai além de ações e títulos. E não os culpo. Essas duas classes de ativos são ótimas opções para enriquecer.

Porém, ações e títulos são apenas a ponta do iceberg. Se você realmente deseja construir riqueza, deve considerar tudo o que o mundo dos investimentos tem a oferecer.

Com esse objetivo em mente, preparei uma lista dos melhores ativos geradores de renda. Para cada classe de ativos, apresentarei a definição, analisarei os prós e os contras e, por fim, explicarei como fazer o investimento.

Essa lista não é uma recomendação, mas um *ponto de partida* para pesquisas futuras. Afinal, por não conhecer suas circunstâncias atuais, não posso dizer qual desses ativos, se houver, seria adequado para você.

Na verdade, só possuo quatro das classes de ativos listadas, pois algumas não fazem sentido para mim. Aconselho que você avalie cada uma delas antes de adicionar ou remover qualquer opção do seu portfólio.

Dito isso, vamos começar com a minha favorita.

Ações

Se eu tivesse que escolher uma única classe de ativos, definitivamente seriam as ações. Elas representam a propriedade (ou seja, a participação societária) de um negócio e são uma das formas mais confiáveis de enriquecer no longo prazo.

EM QUE INVESTIR?

Por que Você Deve/Não Deve Investir em Ações

Como Jeremy Seigel declarou em *Investindo em Ações no Longo Prazo*, "o retorno real sobre as ações [dos EUA] foi em média de 6,8% ao ano nos últimos 204 anos".[65]

Claro, os EUA têm sido um dos mercados acionários com melhor desempenho nos últimos séculos. No entanto, os dados sugerem que, ao longo do tempo, muitos outros mercados acionários globais proporcionaram retornos positivos ajustados pela inflação (retornos reais).

Por exemplo, quando analisaram o retorno sobre as ações de dezesseis países diferentes de 1900 a 2006, Elroy Dimson, Paul Marsh e Mike Staunton constataram que todos tinham retornos reais positivos no longo prazo. O pior desempenho foi da Bélgica, com retornos reais anualizados de 2,7%, enquanto o melhor desempenho foi da Suécia, com retornos reais anualizados de quase 8% durante o período.

Onde os EUA se enquadram nesse grupo?

Nos 25% superiores (75º percentil). Embora estivessem acima da média mundial, os retornos dos EUA ficaram atrás dos da África do Sul, da Austrália e da Suécia.[66] Isso ilustra que, apesar de excepcional, o retorno sobre as ações norte-americanas não é um caso isolado no cenário global.

Mais importante, a análise de Dimson, Marsh e Staunton foi feita no século XX, um dos mais destrutivos da história humana. Apesar de duas Guerras Mundiais e da Grande Depressão, as ações globais (como um todo) proporcionaram retornos reais positivos no longo prazo.

Barton Biggs, autor de *Wealth, War, & Wisdom,* chegou a uma conclusão semelhante ao examinar quais classes de ativos eram mais propensas a preservar a riqueza ao longo dos séculos. Ele afirmou: "Considerando sua liquidez, é possível concluir que as ações são a melhor opção de investimento."[67]

É claro que a tendência de alta das ações globais ocorrida no século XX pode não continuar no futuro, mas aposto que continuará.

Um dos outros benefícios é que as ações não exigem manutenção contínua. Você tem participação societária no negócio e colhe os frutos enquanto outra pessoa (a administração) o gerencia.

Apesar de todos os meus elogios, as ações não servem para pessoas menos ousadas. Na verdade, deve-se esperar uma queda de 50%+ algumas vezes por século; de 30% uma vez a cada 4 ou 5 anos; e de 10% *pelo menos* a cada 2 anos.

É essa natureza altamente volátil das ações que as torna difíceis de manter em épocas conturbadas. Ver o valor de uma década de crescimento desaparecer em questão de dias pode ser angustiante, mesmo para os investidores mais experientes.

A melhor forma de combater essa volatilidade emocional é se concentrar no longo prazo. Embora isso não garanta retornos, a evidência histórica sugere que, com tempo suficiente, as ações tendem a compensar suas perdas periódicas. O tempo é amigo do investidor.

Como Comprar Ações?

Você pode investir em ações individuais ou em um ETF, também conhecido como fundo de índice, que lhe proporcionará uma exposição mais ampla ao mercado de ações. Por exemplo, um fundo de índice S&P 500 lhe dará acesso a ações dos EUA, enquanto um Total World Stock Index Fund lhe dará acesso a ações em todo o mundo.

Eu prefiro ETFs do que ações individuais por uma série de motivos (muitos dos quais discutirei no capítulo seguinte), mas sobretudo porque os fundos de índice são uma forma fácil de obter diversificação barata.

Mesmo que você opte apenas pelos fundos de índice, as opiniões diferem sobre *quais* tipos de ações se deve possuir. Alguns argumentam que é preciso se concentrar no tamanho (ações menores), outros alegam que é necessário focar as avaliações (ações de valor) e alguns argumentam que é melhor observar as tendências de preços (ações de momentum).

Há ainda aqueles que sugerem que as ações pagadoras de dividendos frequentes são o caminho garantido para a riqueza. Para lembrar, os dividendos são apenas lucros de um negócio pagos aos acionistas (ou seja, você). Então, se você possui 5% das ações de uma empresa e ela distribui um total de $1 milhão em dividendos, sua parte é $50 mil. Ótimo, não é?

Independentemente da estratégia de ações escolhida, o importante é ter certa exposição a essa classe de ativos. Pessoalmente, possuo ações dos EUA, ações de mercados desenvolvidos e ações de mercados emergentes em três ETFs distintos. Também tenho certa exposição adicional a ações de pequeno valor.

EM QUE INVESTIR?

Essa é a melhor forma de investir em ações? Não sei, mas funciona para mim e é provável que tenha um bom desempenho no longo prazo.

Resumo de Ações

- Retorno médio anual composto: 8%–10%.

- **Prós:** Altos retornos históricos. Facilidade em possuir e negociar. Baixa manutenção (outra pessoa administra o negócio).

- **Contras:** Alta volatilidade. As avaliações podem mudar rapidamente com base no sentimento, e não nos fundamentos.

Títulos

Agora que discutimos o mundo frenético das ações, vamos analisar o mundo muito mais calmo dos títulos.

Os títulos são empréstimos que os investidores fazem para os tomadores, que devem pagá-los ao longo de um determinado período. Esse período é chamado de prazo de vencimento ou maturidade. Muitos títulos exigem pagamentos periódicos (conhecidos como cupons) ao investidor antes que o principal seja quitado no fim do prazo. Os pagamentos anuais dos cupons divididos pelo preço do título são seu rendimento. Então, se você comprou um título por $1.000 e obteve $100 por ano, o rendimento foi de 10% [$100/$1.000].

O tomador pode ser um indivíduo, uma empresa ou um governo. Geralmente, ao falar sobre títulos, os investidores se referem aos títulos do Tesouro dos EUA, nos quais o governo norte-americano é o tomador.

Os títulos do Tesouro dos EUA recebem diferentes nomes de acordo com a respectiva maturidade:

- *Treasury bills*, com vencimento em um a doze meses.

- *Treasury notes*, com vencimento em dois a dez anos.

- *Treasury bonds*, com vencimento em dez a trinta anos.

CONTINUE A COMPRAR

Para cada maturidade, as taxas de juros pagas pelos títulos do Tesouro dos EUA podem ser verificadas em treasury.gov.[68]

Também é possível comprar títulos de governos estrangeiros, títulos corporativos (empréstimos a empresas) e títulos municipais (empréstimos a governos locais/estaduais). Embora esses títulos paguem mais juros do que os do Tesouro dos EUA, eles tendem a ser mais arriscados.

Por quê? Porque o Tesouro dos EUA é o tomador mais confiável do planeta.

Como o governo norte-americano pode simplesmente imprimir os dólares que deve, há uma garantia de pagamento aos credores. Isso não é necessariamente verdade quando se trata de governos estrangeiros, governos locais ou empresas, passíveis de inadimplir suas obrigações.

Por essa razão, costumo investir apenas em títulos do Tesouro dos EUA e alguns títulos municipais isentos de impostos no meu estado de residência. Se eu quisesse me arriscar mais, não o faria com os títulos do meu portfólio, pois eles devem atuar como um ativo de diversificação, e não como um ativo de risco.

Entendo que existem razões para defender títulos mais arriscados e de maior rendimento, especialmente se considerarmos o baixo rendimento do Tesouro dos EUA desde 2008. Porém, o rendimento não é o único aspecto importante — os títulos têm outras propriedades úteis para os investidores.

Por que Você Deve/Não Deve Investir em Títulos

Eu recomendo os títulos por causa das seguintes características:

1. Os títulos tendem a subir quando as ações (e outros ativos de risco) caem.

2. Os títulos têm um fluxo de renda mais consistente do que outros ativos.

3. Os títulos podem fornecer liquidez para reequilibrar o portfólio ou cobrir os passivos.

Nos sell-offs, os títulos são um dos únicos ativos que tendem a subir enquanto todo o resto cai. Isso acontece quando os investidores vendem seus ativos mais arriscados para comprar títulos, uma estratégia conhecida como "fuga para a segurança". Devido a essa tendência, os títulos podem ser uma "muleta comportamental" em seu portfólio durante os piores momentos.

Da mesma forma, devido à sua estabilidade, os títulos tendem a propiciar uma renda mais consistente ao longo do tempo. Como o governo dos EUA pode imprimir dinheiro (e pagar os detentores de títulos), não é preciso se preocupar com a mudança de renda após a compra de um título.

Por fim, como são mais estáveis durante as crises de mercado, os títulos costumam fornecer liquidez caso você precise de dinheiro extra para reequilibrar o portfólio ou cobrir os passivos. Por exemplo, se você perder o emprego por causa de um pânico financeiro, pode recorrer aos títulos de seu portfólio para superar os tempos difíceis; em outras palavras, você pode vender alguns títulos para gerar dinheiro.

Ao analisar a situação de vários portfólios durante a crise relacionada à Covid-19 no início de 2020, é possível compreender o quanto os títulos ajudam a estabilizar um portfólio. Como ilustra o gráfico a seguir, os portfólios com mais títulos (Tesouro dos EUA) sofreram quedas menores do que aqueles com menos títulos.

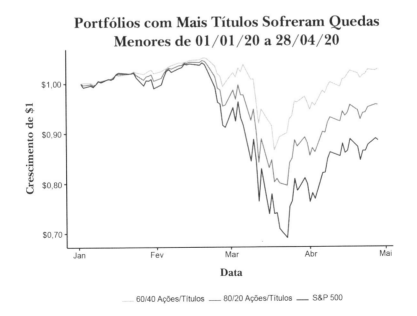

CONTINUE A COMPRAR

Nesse caso, durante março de 2020, os portfólios 60/40 e 80/20 sofreram quedas menores do que os portfólios compostos exclusivamente de S&P 500.

Mais importante, os investidores que tinham exposição a títulos e reequilibraram o portfólio durante a crise obtiveram ainda mais benefícios na recuperação subsequente. Por exemplo, em 23 de março de 2020, o dia exato em que o mercado atingiu a mínima, tive a sorte de reequilibrar meu portfólio — vendi alguns títulos e comprei ações. Sim, o timing foi uma coincidência, mas o fato de eu possuir títulos e conseguir vender alguns para reequilibrar com ações não foi.

A principal desvantagem de possuir títulos é que os retornos tendem a ser muito menores do que os das ações e da maioria dos outros ativos de risco. Isso é especialmente verdadeiro quando os rendimentos são baixos, como aconteceu de 2008 a 2020. Nesse tipo de ambiente, os retornos dos títulos podem ser próximos de zero ou até mesmo negativos após levar em conta a inflação.

Como Comprar Títulos?

Você pode adquirir títulos individuais diretamente, mas recomendo comprá-los por meio de fundos de índice de títulos, pois é muito mais fácil.

Embora tenha existido um debate sobre o tema, não há diferença material no desempenho entre títulos individuais e fundos de títulos. Cliff Asness, fundador da AQR Capital Management, desmistificou completamente essa ideia em 2014, no *Financial Analysts Journal*.[69]

Independentemente de como você compra seus títulos, eles podem desempenhar um papel importante no portfólio, além de propiciar crescimento. Como diz o ditado:

> "Compramos ações para comer bem, mas compramos títulos para dormir bem."

Resumo de Títulos

- Retorno médio anual composto: 2%–4% (pode se aproximar de 0% em um ambiente de baixas taxas).

- **Prós:** Menor volatilidade. Boa opção para reequilibrar o portfólio. Segurança do principal.

- **Contras:** Baixos retornos, especialmente após a inflação. Não são ideais para gerar renda em um ambiente de baixos rendimentos.

Imóveis para Investimento

Fora do âmbito das ações e dos títulos, um dos ativos geradores de renda mais populares são os imóveis para investimento. Possuir um imóvel desse tipo pode ser uma ótima opção, pois ele serve para uso pessoal ou para obter uma renda extra ao alugá-lo.

Por que Você Deve/Não Deve Comprar Imóveis para Investimento

Se você administrar corretamente o imóvel, outras pessoas (locatários) o ajudarão a pagar o financiamento imobiliário enquanto você desfruta da valorização do imóvel no longo prazo. Além disso, se você obteve um empréstimo para adquirir o imóvel, o retorno pode ser ampliado devido à alavancagem, pois ela aumenta sua exposição às mudanças de preço do imóvel.

Por exemplo, se você tinha $100 mil para comprar um imóvel de $500 mil, então precisou fazer um empréstimo de $400 mil. Agora vamos supor que, após um ano, o imóvel valorizou para $600 mil. Se você vendê-lo e quitar o empréstimo, em vez dos $100 mil originais, terá cerca de $200 mil. Por causa da alavancagem, o aumento de 20% no preço do imóvel possibilitou um retorno de 100% ($100 mil se tornaram $200 mil).

Parece bom demais para ser verdade? Sim, pois é preciso considerar que a alavancagem pode ser prejudicial se os preços caírem. Por exemplo, se o imóvel desvalorizar para $400 mil e você optar por vendê-lo, seu patrimônio será aniquilado. Uma queda de 20% no valor do imóvel resultou em uma queda de 100% no investimento.

Como grandes quedas de preços no mercado imobiliário tendem a ser raras, a alavancagem geralmente proporciona um benefício financeiro positivo aos investidores.

Apesar das diversas vantagens financeiras, um imóvel para investimento exige muito mais trabalho do que outros ativos que você pode simplesmente "adquirir e esquecer".

Um investimento imobiliário requer a capacidade de lidar com pessoas, listar o imóvel em um site de aluguel, torná-lo atraente para os potenciais inquilinos, fornecer manutenção contínua e muito mais. Além disso tudo, você precisa lidar com o estresse de ter mais um passivo no balanço patrimonial.

Em uma situação favorável, possuir um imóvel para investimento pode ser uma excelente opção, especialmente quando você faz um empréstimo para financiar a maior parte da compra. No entanto, em condições adversas, como ocorreu em 2020 com as restrições de viagem impostas pela pandemia, as coisas podem dar muito errado. Vários empreendedores do Airbnb aprenderam a lição da maneira mais difícil — os imóveis para investimento nem sempre são fáceis.

Embora os retornos possam ser bem maiores do que os das ações ou dos títulos, obtê-los também exige muito mais trabalho.

Por fim, comprar um imóvel é semelhante a comprar ações individuais, pois não há diversificação. Ao adquirir um imóvel para investimento, você assume todos os riscos específicos desse imóvel. O mercado imobiliário pode estar em alta, mas é possível obter um resultado desfavorável se o imóvel tiver muitos problemas e custos subjacentes.

Já que a maioria dos investidores não possuirá imóveis suficientes para uma diversificação adequada, o risco de um único imóvel é um problema.

Porém, se você deseja ter mais controle sobre seus investimentos e aprecia a tangibilidade dos imóveis, deve considerar esses ativos como parte do seu portfólio.

EM QUE INVESTIR?

Como Comprar Imóveis para Investimento?

A melhor forma de comprar imóveis para investimento é por meio de um corretor ou da negociação direta com os vendedores. O processo pode ser complicado, então recomendo uma pesquisa detalhada antes da aquisição.

Resumo de Imóveis para Investimento

- Retorno médio anual composto: 12%–15% (dependendo das condições locais de aluguel).

- **Prós:** Retornos maiores do que outras classes de ativos mais tradicionais, especialmente ao usar alavancagem.

- **Contras:** Gerenciamento do imóvel e dos inquilinos pode ser um incômodo. Dificuldade em diversificar.

Real Estate Investment Trusts (REITs)

Se você gosta da ideia de possuir imóveis, mas detesta a ideia de administrá-los sozinho, então um REIT pode ser o ideal. Um REIT é uma empresa que detém e gerencia imóveis, distribuindo a renda proveniente aos proprietários.

Na verdade, os REITs são legalmente obrigados a distribuir no mínimo 90% de sua renda tributável como dividendos aos acionistas. Esse requisito os torna um dos ativos geradores de renda mais confiáveis.

No entanto, nem todos os REITs são iguais. Existem REITs residenciais que podem possuir prédios de apartamentos, moradias estudantis, casas pré-fabricadas e casas unifamiliares; e REITs comerciais que podem possuir prédios de escritórios, armazéns, lojas e outras propriedades comerciais.

Além disso, os REITs podem ser oferecidos como negociados publicamente, privados ou não negociados publicamente.

- **REITs negociados publicamente:** Negociados em bolsa de valores como qualquer outra empresa de capital aberto e estão disponíveis para todos os investidores.

  1. Qualquer pessoa que possua um amplo fundo de índice de ações já tem certa exposição a esses REITs, portanto, comprar REITs adicionais só é preciso se você quiser aumentar sua exposição ao mercado imobiliário.

  2. Em vez de optar por REITs individuais desse tipo, é possível comprar fundos de índice de REITs negociados publicamente — que investem em uma cesta de REITs.

- **REITs privados:** Não negociados em bolsa de valores e disponíveis apenas para investidores credenciados (pessoas com patrimônio líquido superior a US$1 milhão ou renda anual superior a US$200 mil nos últimos três anos).

  1. Requerem um corretor, o que pode resultar em altas taxas.

  2. Menor supervisão regulatória.

  3. Menos liquidez devido ao período de permanência mais longo.

  4. Podem gerar retornos mais altos do que as ofertas do mercado público.

- **REITs não negociados publicamente:** Não negociados em bolsa de valores, mas disponíveis para todos os investidores de capital aberto por meio de crowdsourcing.

  1. Mais supervisão regulatória do que os REITs privados.

  2. Requisitos mínimos de investimento.

  3. Menos liquidez devido ao período de permanência mais longo.

  4. Podem gerar retornos mais altos do que as ofertas do mercado público.

Embora eu só tenha investido em fundos de índice de REITs negociados publicamente, as empresas de crowdsourcing imobiliário são uma opção não negociada que pode propiciar retornos maiores no longo prazo.

Por que Você Deve/Não Deve Investir em REITs

Não importa como você decida investir em REITs, eles geralmente têm retornos semelhantes (ou melhores) aos das ações, com uma correlação relativamente baixa (0,5–0,7) com as ações em períodos favoráveis. Isso significa que os REITs podem se sair bem quando as ações se saem mal.

Porém, tal como a maioria dos ativos de risco, os REITs negociados publicamente tendem a ser liquidados durante crises do mercado de ações. Portanto, nesse contexto, não espere benefícios de diversificação.

Como Investir em REITs?

Conforme mencionado, os REITs negociados publicamente estão disponíveis em qualquer plataforma de corretagem; e os REITs privados ou não negociados publicamente, em sites crowdsourced. Eu prefiro REITs negociados publicamente, pois eles têm mais liquidez (são mais fáceis de comprar/vender), mas pode ser útil considerar as outras duas opções, que possibilitam escolher em quais propriedades específicas investir.

Resumo de REITs

- Retorno médio anual composto: 10%–12%.

- **Prós:** Exposição ao mercado imobiliário sem necessidade de administração. Menos correlacionados com as ações em períodos favoráveis.

- **Contras:** Volatilidade maior ou igual à das ações. Menos liquidez para REITs não negociados. Altamente correlacionados com as ações e outros ativos de risco em crises do mercado acionário.

Terras Agrícolas

Além do mercado imobiliário, as terras agrícolas, outro grande ativo gerador de renda, têm sido uma importante fonte de riqueza ao longo da história.

Por que Você Deve/Não Deve Investir em Terras Agrícolas

Hoje, um dos melhores motivos para investir em terras agrícolas é a baixa correlação com os retornos de ações e títulos. Afinal, a renda agrícola tende a não estar correlacionada com os acontecimentos nos mercados financeiros.

Além disso, as terras agrícolas têm menor volatilidade do que as ações, pois o valor da terra não muda muito ao longo do tempo. Como a produtividade da terra é mais estável do que a produtividade das empresas ano após ano, é possível compreender por que as terras agrícolas têm menor volatilidade geral quando comparadas às ações.

As terras agrícolas também fornecem proteção contra a inflação, pois tendem a aumentar de valor juntamente com as tendências de preços mais amplas. Devido ao seu perfil de risco específico (ou seja, baixa volatilidade com retornos razoáveis), é improvável que as terras agrícolas cheguem a zero, ao contrário de uma ação ou um título individual. Claro, os efeitos das mudanças climáticas podem alterar esse cenário no futuro.

Que tipo de retorno se pode esperar das terras agrícolas? De acordo com Jay Girotto em uma entrevista para Ted Seides, elas tendem a propiciar um retorno de "quase dois dígitos", com cerca de metade proveniente dos rendimentos agrícolas e outra metade proveniente da valorização da terra.[70]

Como Investir em Terras Agrícolas?

Embora a compra de terras agrícolas individuais não seja uma tarefa simples, a forma mais comum de investir nelas é por meio de um REIT negociado publicamente ou de uma solução crowdsourced. A solução crowdsourced pode ser interessante, pois oferece mais controle sobre em quais terras agrícolas investir.

EM QUE INVESTIR?

A desvantagem das soluções crowdsourced é que elas geralmente estão disponíveis apenas para investidores credenciados (pessoas com patrimônio líquido superior a US$1 milhão ou renda anual superior a US$200 mil nos últimos 3 anos). Além disso, as taxas dessas plataformas crowdsourced podem ser maiores do que de outros investimentos públicos.

Considerando o imenso trabalho para estruturar as transações, eu não acho que essas taxas são predatórias, mas, se você detesta pagar taxas, sugiro pensar melhor.

Resumo de Terras Agrícolas

- Retorno médio anual composto: 7%–9%.

- **Prós:** Menor correlação com as ações e outros ativos financeiros. Boa proteção contra a inflação. Menor potencial de queda (menos propensas a "chegar a zero" do que outros ativos).

- **Contras:** Menos liquidez (mais difíceis de comprar/vender). Taxas mais altas. Soluções crowdsourced requerem o status de "investidor credenciado".

Pequenas Empresas/Franchise/Investimento-Anjo

Se as terras agrícolas não são a opção ideal, talvez você deva considerar possuir um pequeno negócio ou parte dele. É nesse contexto que entram o investimento-anjo e o investimento em pequenas empresas.

Porém, antes de embarcar nessa jornada, é preciso decidir se você vai administrar o negócio ou apenas fornecer expertise e capital de investimento.

Proprietário + Administrador

Se você deseja ser proprietário e administrador de uma pequena empresa ou franchise, lembre-se de que o trabalho é sempre mais árduo do que se imagina.

CONTINUE A COMPRAR

Certa vez, Brent Beshore, especialista em investimento em pequenas empresas, tuitou que o manual de operação de um restaurante Subway tem 800 páginas. Imagine como seria administrar uma fábrica de $50 milhões.[71]

Não menciono os comentários de Brent para desencorajar você, mas, sim, para fornecer uma perspectiva realista de quanto trabalho uma pequena empresa exige. Possuir e administrar uma pequena empresa pode propiciar retornos muito maiores do que outros ativos geradores de renda listados, mas é preciso se esforçar para obtê-los.

Apenas Proprietário

Supondo que você não queira seguir o caminho da administração, ser um investidor-anjo ou proprietário passivo de uma pequena empresa pode gerar retornos fenomenais. De fato, segundo vários estudos, o retorno anual esperado dos investimentos-anjo está na faixa de 20% a 25%.[72]

No entanto, esses retornos variam muito. Um estudo da Angel Capital Association constatou que apenas um em cada nove investimentos-anjo (11%) obteve um retorno positivo.[73] Isso mostra que, embora algumas pequenas empresas possam se tornar a próxima Apple, a maioria não vai muito além da garagem.

Como Sam Altman, famoso investidor e presidente da YCombinator, escreveu:

> "É comum ganhar mais dinheiro com um ótimo investimento-anjo do que com todos os outros juntos. Consequentemente, o verdadeiro risco é o de perder a oportunidade de fazer esse investimento excepcional, e não o de deixar de recuperar o dinheiro (ou, como algumas pessoas exigem, o retorno garantido de 2x) em todas as suas outras empresas."[74]

É por isso que investir em pequenas empresas pode ser muito desafiador, mas também muito gratificante.

Porém, antes de se aventurar, entenda que o investimento em pequenas empresas pode exigir um grande compromisso de tempo. Por esse motivo, Tucker Max desistiu dos investimentos-anjo e acredita que a maioria das pessoas nem deveria começar. O argumento de Max é bem claro — se você deseja acesso aos melhores investimentos-anjo com retornos fenomenais, precisa estar profundamente engajado nessa comunidade.[75]

Pesquisas sobre o tema corroboram a afirmação de Max. Elas constataram que o tempo despendido em diligência prévia, experiência e participação estava positivamente correlacionado com os retornos de longo prazo do investimento-anjo.[76]

Como Investir em Pequenas Empresas?

Você não pode se envolver com investimento-anjo/pequenas empresas como uma atividade paralela e esperar grandes resultados. Embora algumas plataformas crowdsourced permitam que investidores individuais invistam em pequenas empresas (com outras oportunidades para investidores credenciados), é altamente improvável que eles tenham acesso antecipado à próxima grande novidade.

Não digo isso para desencorajá-lo, mas para reiterar que os investidores de pequenas empresas bem-sucedidos dedicam mais do que apenas capital a essa empreitada. Se você deseja ser um investidor de pequenas empresas, tenha em mente que pode ser necessária uma grande mudança no estilo de vida para obter resultados significativos.

Resumo de Pequenas Empresas

- Retorno médio anual composto: 20%–25%, mas espere muitas perdas.

- **Prós:** Podem propiciar retornos extremamente altos. Quanto mais engajado você estiver, mais oportunidades futuras terá.

- **Contras:** Grande compromisso de tempo. Fracassos em excesso podem ser desanimadores.

CONTINUE A COMPRAR

Royalties

Se você não é fã de pequenas empresas, talvez seja interessante investir em algo com um pouco mais de... cultura. É aí que entram os royalties. Os royalties são pagamentos feitos pelo uso contínuo de um ativo específico, geralmente uma obra protegida por direitos autorais. Existem sites que oferecem a compra e a venda de royalties de músicas, filmes e marcas registradas, possibilitando a obtenção de renda.

Por que Você Deve/Não Deve Investir em Royalties

Os royalties podem ser um bom investimento, pois geram uma renda estável que não está correlacionada com os mercados financeiros.

Por exemplo, "Empire State of Mind", de Jay-Z e Alicia Keys, gerou US\$32.733 em royalties ao longo de doze meses. No RoyaltyExchange.com, dez anos de royalties dessa música foram vendidos por US\$190.500.

Se presumirmos que os royalties anuais (US\$32.733) permanecerão inalterados, na próxima década, o proprietário obterá um retorno de 11,2% ao ano sobre sua compra de US\$190.500.

Claro, é impossível saber se os royalties dessa música vão aumentar, permanecer os mesmos ou diminuir ao longo da próxima década. Isso depende dos gostos musicais e de como eles mudarão ano após ano.

Esse é um dos riscos (e benefícios) do investimento em royalties. A cultura sofre mudanças, e coisas que estão em alta podem sair de moda e vice-versa.

No entanto, a RoyaltyExchange tem uma métrica chamada Dollar Age, usada para quantificar por quanto tempo algo pode ficar na moda. Por exemplo, se duas músicas diferentes geraram US\$10 mil em royalties no ano passado, mas uma delas foi lançada em 1950 e a outra em 2019, então a de 1950 tem uma Dollar Age maior (mais antiga) e provavelmente será um melhor investimento no longo prazo.

Por quê?

A música de 1950 tem mais de 70 anos de ganhos comprovados em comparação a apenas alguns anos de ganhos comprovados da música de

2019. Embora a de 2019 possa ser uma moda passageira, a de 1950 é um verdadeiro clássico.

Esse conceito, mais formalmente conhecido como Efeito Lindy, afirma que a popularidade de algo no futuro é proporcional ao seu tempo de existência no passado.

O Efeito Lindy explica por que, em 2220, as pessoas serão mais propensas a ouvir Mozart do que Metallica. Embora hoje a banda Metallica provavelmente tenha mais ouvintes em todo o mundo do que Mozart, não tenho certeza se esse será o caso daqui a dois séculos.

Por fim, a outra desvantagem de investir em royalties são as taxas potencialmente altas cobradas dos vendedores. Geralmente, os vendedores precisam pagar uma porcentagem do preço final de venda após o fechamento de um leilão, e essa taxa percentual pode ser significativa. Portanto, a menos que você planeje investir apenas em royalties (e em grande escala), esse ativo pode não ser o mais adequado.

Como Investir em Royalties?

A forma mais comum de investir em royalties é por meio de uma plataforma online que conecta compradores e vendedores. Embora também seja possível por meio de negociações privadas, a opção online é o caminho mais fácil.

Resumo de Royalties

- Retorno médio anual composto: 5%–20%.[77]
- **Prós:** Não correlacionados com ativos financeiros tradicionais. Renda geralmente estável.
- **Contras:** Altas taxas para vendedores. Os gostos podem mudar inesperadamente e impactar a renda.

Produtos Próprios

Por último, mas não menos importante, um dos melhores ativos geradores de renda são os produtos próprios. Ao contrário de todos os outros ativos da lista, a criação de produtos (digitais ou não) possibilita muito mais controle do que a maioria das outras classes de ativos.

Como você é o proprietário de 100% dos produtos, pode definir o preço e, assim, determinar os retornos (pelo menos em teoria). Os produtos incluem livros, guias informativos, cursos online etc.

Por que Você Deve/Não Deve Investir em Produtos Próprios

Conheço várias pessoas que conseguiram ganhar de cinco a seis dígitos vendendo seus produtos online. Mais importante, se você já tem um público via redes sociais, lista de e-mails ou site, vender produtos é uma forma de monetizá-lo.

E, mesmo que você não tenha um desses canais de distribuição, hoje em dia é muito fácil vender produtos na internet graças a plataformas de e-commerce e processadores de pagamento online.

A parte difícil dos produtos como investimento é que eles exigem muito trabalho inicial sem garantia de retorno. Há um longo caminho até a monetização.

No entanto, assim que um produto se torna bem-sucedido, é muito mais fácil expandir sua marca e começar a vender outros itens.

Por exemplo, meu blog, OfDollarsAndData.com, tem propiciado uma renda que vai além de pequenas parcerias com afiliados, incluindo vendas de anúncios e mais trabalhos como freelancer. Levou anos até que eu começasse a ganhar um dinheiro significativo com meu blog, mas agora sempre surgem novas oportunidades.

Como Investir em Produtos Próprios?

Se você deseja investir em produtos próprios, é preciso criá-los. Seja começando um blog ou abrindo uma loja virtual, criar produtos exige muito tempo e esforço.

Resumo de Produtos Próprios

- Retorno médio anual composto: Altamente variável. Distribuição de cauda pesada (ou seja, a maioria dos produtos gera pouco retorno, mas alguns propiciam grandes resultados).

- **Prós:** Propriedade total. Satisfação pessoal. Possibilidade de criar uma marca valiosa.

- **Contras:** Exigem muito trabalho. Não há garantia de retorno.

E Quanto a Ouro, Criptomoedas, Arte Etc.?

Algumas classes de ativos não entraram na lista por uma simples razão: elas não geram renda. Ouro, criptomoedas, commodities, arte e vinho não têm um fluxo de renda confiável associado à sua posse, então não os incluí na minha lista de ativos geradores de renda.

Claro, isso não significa que é impossível ganhar dinheiro com esses ativos, mas, sim, que suas avaliações são baseadas *apenas* na percepção — no quanto alguém está disposto a pagar por eles. Sem fluxos de caixa subjacentes, a percepção é tudo.

Mas a situação é diferente para ativos geradores de renda. Embora a percepção desempenhe um papel na forma como eles são precificados, os fluxos de caixa devem ancorar suas avaliações, pelo menos em teoria.

Por esse motivo, a maior parte dos meus investimentos (90%) está em ativos geradores de renda, enquanto os 10% restantes estão distribuídos entre ativos não geradores de renda, como arte e criptomoedas.

Resumo Final

Para comparação, segue uma tabela com as informações deste capítulo.

CONTINUE A COMPRAR

Classe de Ativos	Retorno Médio Anual Composto	Prós	Contras
Ações	8%-10%	Altos retornos históricos. Facilidade em possuir e negociar. Baixa manutenção.	Alta volatilidade. As avaliações podem mudar rapidamente.
Títulos	2%-4%	Baixa volatilidade. Boa opção para reequilibrar o portfólio. Segurança do principal.	Baixos retornos, especialmente após a inflação. Não são ideais para gerar renda em um ambiente de baixos rendimentos.
Imóveis para Investimento	12%-15%	Retornos maiores (especialmente ao usar alavancagem).	Gerenciamento do imóvel pode ser um incômodo. Dificuldade em diversificar.
REITs	10%-12%	Exposição ao mercado imobiliário sem necessidade de administração.	Volatilidade maior ou igual à das ações. Acompanham a queda de outros ativos de risco.
Terras Agrícolas	7%-9%	Menor correlação com ativos financeiros tradicionais. Boa proteção contra a inflação.	Menos liquidez. Taxas mais altas. Requerem o status de "investidor credenciado".
Pequenas Empresas	20%-25%	Retornos extremamente altos. Mais engajamento acarreta mais oportunidades.	Grande compromisso de tempo. Fracassos em excesso podem ser desanimadores.
Royalties	5%-20%	Não correlacionados com ativos financeiros tradicionais. Renda geralmente estável.	Altas taxas para vendedores. Os gostos podem mudar inesperadamente e impactar a renda.
Produtos Próprios	Variável	Propriedade total. Satisfação pessoal. Possibilidade de criar uma marca valiosa.	Exigem muito trabalho. Não há garantia de retorno.

Não importa qual combinação de ativos geradores de renda você escolha, a alocação de ativos ideal é aquela que funcionará melhor para *você* e sua situação. Lembre-se de que duas pessoas podem ter estratégias de investimento muito diferentes e, ainda assim, ambas estarem corretas.

Agora que discutimos em que investir, vamos entender por que você não deve comprar ações individuais.

12.

POR QUE NÃO COMPRAR AÇÕES INDIVIDUAIS

O baixo desempenho é a menor preocupação

À s 8h de uma segunda-feira, 25 de janeiro de 2021, recebi uma mensagem do meu amigo Darren (nome fictício).

"Nick, me diga por que não investir de 50k a 100k na GME às 9h30."

Ele estava se referindo à GameStop (GME), empresa cujas ações logo se tornariam uma sensação internacional depois que um grupo de traders online fez seu preço subir 5x em menos de uma semana. Infelizmente, nenhum de nós sabia disso na época.

O que Darren sabia era que eu *nunca* recomendaria a compra de uma ação individual. Mas ele não se importava, só queria algum tipo de confirmação. Respondi em tom de brincadeira: "Darren, isso poderia se tornar a melhor coisa que já aconteceu com você."

CONTINUE A COMPRAR

Foi o suficiente. Ao longo da hora seguinte, a conversa em nosso grupo online girou em torno dos méritos da GME e do palpite do fórum wallstreetbets, no Reddit, sobre o iminente aumento de preço das ações.

Assim que o mercado abriu, ficou claro que o wallstreetbets havia acertado em cheio. As ações da GME começaram o dia em US$96 cada, acima do fechamento anterior de US$65, e não parou por aí.

Às 10h22, Darren não aguentava mais ficar de fora. Após comprar ações da GME por US$111 cada, ele enviou uma mensagem ao grupo: "Estou dentro." Seu investimento total ultrapassava US$30 mil, ou seja, cada movimento de US$1 no preço das ações da GME valia US$300 para Darren. Se o preço subisse US$1, ele ganharia US$300; se caísse US$1, perderia US$300.

Em quinze minutos, as ações da GME subiram para US$140 cada e Darren lucrou mais de US$9 mil. O grupo online foi inundado de mensagens parabenizando-o por sua riqueza recém-adquirida e especulando para onde ele iria após se aposentar.

Mas, tão rapidamente quanto subiram, as ações da GME caíram. Dentro de uma hora, o preço estava abaixo de US$111, e as mensagens de Darren demonstravam níveis crescentes de preocupação. Na esperança de recuperar o investimento, ele emitiu uma ordem de venda limitada a US$111, mas era tarde demais. A queda livre já havia começado.

A cada queda de US$1 no preço das ações da GME, a angústia de Darren aumentava 300 vezes. Lá se foram outros US$300, depois outros US$300. As perdas não paravam. Às 12h27, Darren finalmente se rendeu. "Estou fora a US$70", avisou no grupo.

Darren havia perdido US$12 mil em duas horas.

Mas não é tão ruim quanto parece. A perda de Darren representou apenas uma pequena porcentagem de seu patrimônio líquido. Apesar da angústia emocional, ele sofreu o equivalente financeiro a um corte de papel, e não a uma amputação.

E, embora eu não concorde com sua atitude, reconheço o mérito de *como* Darren agiu. Afinal, ele só arriscou o que estava disposto a perder, certificando-se de que tal perda não afetaria seu futuro financeiro. Se você decidir comprar ações individuais, espero que tenha a mesma consciência.

No entanto, a história de Darren é um microcosmo do stock picking (escolha de ações). A agitação mental. O medo de perder a oportunidade. A euforia, o triunfo, a angústia e o arrependimento. Tudo isso em um período de apenas duas horas.

Lidar com as emoções é apenas a ponta do iceberg. Eu sei, pois também costumava escolher ações anos atrás. Além das dificuldades emocionais, há os períodos de baixo desempenho e a possibilidade de não ser hábil no stock picking.

Como resultado, desisti das ações individuais e recomendo que você faça o mesmo. Mas minha justificativa evoluiu ao longo do tempo.

Inicialmente, pautei minha desistência no que chamo de argumento *financeiro*. É um bom argumento e talvez você já o conheça, mas ele não é nada comparado ao argumento *existencial*.

Deixe-me explicar.

O Argumento Financeiro Contra o Stock Picking

O argumento tradicional (o argumento *financeiro*) contra o stock picking existe há décadas. Ele afirma o seguinte: como a maioria das pessoas (mesmo os profissionais) não consegue superar um amplo índice de empresas, você não deve nem tentar.

Os dados que corroboram esse argumento são incontestáveis. Ao analisar o relatório SPIVA para cada mercado de ações do mundo, você verá (mais ou menos) a mesma coisa — ao longo de 5 anos, 75% dos fundos não superam o benchmark.[78] E lembre-se: esses 75% são compostos por gestores financeiros profissionais que trabalham em tempo integral com equipes de analistas. Se eles não têm um desempenho satisfatório com todos esses recursos, quais são as suas chances?

Mais importante, pesquisas demonstram que apenas uma pequena porcentagem de ações individuais se sai bem no longo prazo. Como Hendrik Bessembinder constatou em seu artigo "Do Stocks Outperform Treasury Bills?", "4% das empresas de melhor desempenho listadas representam o ganho líquido de todo o mercado de ações dos EUA desde 1926".[79]

CONTINUE A COMPRAR

Isso mesmo. De 1926 a 2016, todo o retorno excedente de ações acima dos títulos do Tesouro dos EUA foi gerado por apenas 4% das ações. De fato, "apenas cinco empresas (ExxonMobil, Apple, Microsoft, General Electric e IBM) representam 10% da criação total de riqueza".

Você tem certeza de que escolherá uma dessas 4% de ações, e não uma das outras 96%?

Mas mesmo essas gigantes do setor acabarão perdendo sua vantagem. Como Geoffrey West calculou: "Das 28.853 empresas negociadas nos mercados dos EUA desde 1950, 22.469 (78%) morreram até 2009." Na verdade, "metade de todas as empresas em qualquer grupo de empresas de capital aberto dos EUA desaparece dentro de dez anos".[80]

Embora a análise estatística de West ilustre a natureza transitória dos mercados de ações, prefiro uma demonstração muito mais simples desse fato. Das vinte empresas integrantes do Dow Jones Industrial Average em março de 1920, nenhuma estava no índice cem anos depois. Nada dura para sempre.

O problema é nítido. Superar o desempenho de uma ampla cesta de ações (um índice) é tão difícil que a maioria dos investidores profissionais não consegue; a proporção de ações vencedoras é muito baixa; e mesmo essas ações não são vencedoras para sempre.

É por isso que possuir *todas* as ações — por meio de um fundo de índice — geralmente é uma aposta muito melhor do que tentar escolher grandes vencedoras entre ações individuais. A probabilidade é que você ganhe mais dinheiro e passe por menos estresse.

Mas vamos deixar esse argumento de lado por enquanto, pois o argumento *existencial* é muito mais convincente.

O Argumento Existencial Contra o Stock Picking

O argumento existencial contra o stock picking é simples — como *saber* se você é hábil na escolha de ações individuais? Na maioria das áreas, o tempo que leva para identificar a existência de uma habilidade é relativamente curto.

POR QUE NÃO COMPRAR AÇÕES INDIVIDUAIS

Por exemplo, em dez minutos, qualquer treinador de basquete competente poderia dizer se alguém é hábil em arremessar. Sim, é possível ter sorte e acertar vários arremessos no início, mas, em algum momento, a porcentagem real de acertos aparecerá. O mesmo acontece em uma área técnica como a programação. Em um curto período, um bom programador seria capaz de perceber se alguém tem conhecimento ou não.

Mas e no stock picking? Quanto tempo levaria para determinar se alguém é hábil? Uma hora? Uma semana? Um ano?

Vários anos, e mesmo assim não é possível ter certeza. O problema é que, no stock picking, a causalidade é mais difícil de determinar do que em outras áreas.

Quando você arremessa uma bola de basquete ou escreve um código, o resultado vem *imediatamente* após a ação. A bola entra na cesta ou não. O programa funciona corretamente ou não. Mas, no stock picking, você toma uma decisão e precisa esperar o retorno. O ciclo de feedback pode levar anos.

E o retorno obtido precisa ser comparado ao retorno de um fundo de índice como o S&P 500. Portanto, mesmo se você ganhar dinheiro em termos absolutos, ainda pode perder dinheiro em termos relativos.

Mais importante, porém, o resultado obtido pode não ter nada a ver com o motivo pelo qual você tomou a decisão. Por exemplo, imagine que você comprou as ações da GME no final de 2020, pois acreditava que o preço aumentaria devido às melhorias nas operações da empresa. Então chegou 2021, e o preço da GameStop disparou devido ao frenesi dos investidores individuais mencionado no início deste capítulo. Você obteve um resultado positivo, mas não teve *nada* a ver com sua tese original.

Agora, imagine quantas vezes isso acontece no stock picking, no qual o nexo entre a decisão e o resultado é muito menos óbvio. O preço das ações subiu por causa de uma mudança prevista ou de uma mudança completamente diferente? E quando o sentimento do mercado se torna adverso? Você insiste e compra mais ou reconsidera a estratégia?

Essas são apenas algumas das perguntas que você deve fazer a si mesmo a cada decisão de investimento como um stock picker. Talvez seja um estado interminável de angústia existencial. Você pode se convencer de que sabe o que está acontecendo, mas *realmente* sabe?

CONTINUE A COMPRAR

Para algumas pessoas, a resposta é "sim". Por exemplo, no estudo "Can Mutual Fund 'Stars' Really Pick Stocks?", os pesquisadores constataram que "é extremamente improvável que os alfas amplos e positivos dos 10% superiores dos fundos, líquidos de custos, sejam resultado da variabilidade de amostragem (sorte)".[81] Em outras palavras, 10% das pessoas que escolhem ações profissionalmente têm uma habilidade que persiste ao longo do tempo. No entanto, essa descoberta também sugere que 90% não têm.

Para fins de argumentação, vamos supor que os 10% melhores e os 10% piores stock pickers sejam capazes de identificar facilmente sua habilidade (ou a falta dela). Isso significa que, se escolhermos aleatoriamente um stock picker, há uma chance de 20% de conseguirmos determinar seu nível de habilidade e uma chance de 80% de não conseguirmos! Isso implica que quatro em cada cinco stock pickers teriam dificuldade em comprovar que são realmente hábeis.

Essa é a crise existencial de que estou falando. Por que se arriscar (ou basear sua carreira) em algo no qual sua habilidade não pode ser comprovada? Se for por diversão, tudo bem. Pegue uma pequena parte do seu dinheiro, tal como meu amigo Darren, e vá em frente. Mas, para aqueles que levam essa decisão mais a sério, por que gastar tanto tempo em algo no qual sua habilidade é tão difícil de mensurar?

E, mesmo se você for alguém que consegue demonstrar sua aptidão no stock picking (ou seja, os 10% melhores), seus problemas não param por aí. Por exemplo, o que acontece quando você inevitavelmente enfrenta um período de baixo desempenho? Afinal, o baixo desempenho não é uma questão de se, mas de quando.

Como observou um estudo da Baird: "Em algum momento da carreira, quase todos os gestores financeiros de alto desempenho apresentam um desempenho inferior ao seu benchmark e aos seus pares, particularmente em períodos de três anos ou menos."[82]

Imagine o quão estressante essa situação deve ser. Sim, você tinha uma habilidade no passado, mas e *agora*? Seu baixo desempenho é apenas uma fase que até mesmo os melhores investidores enfrentam ou você perdeu o jeito? Claro, deixar de ser hábil é difícil em qualquer circunstância, mas é ainda pior quando não há certeza da perda de habilidade.

Acompanhe Seu Desempenho (ou Faça por Diversão)

Não sou o único que argumenta contra o stock picking. Considere o que Bill Bernstein, famoso escritor especializado em investimentos, disse sobre o assunto:

> "A melhor forma de conhecer os perigos do investimento em ações individuais é familiarizar-se com os conceitos básicos de finanças e a literatura empírica. Mas, se não for possível, então invista 5% ou 10% do seu dinheiro em ações individuais. E certifique-se de calcular rigorosamente o retorno, o retorno anualizado, e depois perguntar a si mesmo: 'O resultado seria melhor se eu tivesse investido em um fundo de índice do mercado de ações total?'"[83]

Talvez você não queira comparar seu desempenho com um fundo de índice, mas é algo necessário se a escolha de ações não for por diversão.

Por fim, não tenho nada contra os *stock pickers*, mas, sim, contra o *stock picking*. A diferença é crucial.

Stock pickers hábeis fornecem um serviço valioso para os mercados, mantendo os preços razoavelmente eficientes. No entanto, o stock picking é uma filosofia de investimento que tem prejudicado muitos investidores individuais ao longo do processo. Já vi isso acontecer com parentes e com amigos como Darren. Só espero que não aconteça com você.

Eu sei que não vou convencer todos os stock pickers a mudarem seu caminho, e isso é algo bom. Precisamos de pessoas que analisem as empresas e aloquem seu capital de acordo. Porém, se você ainda está indeciso, esse é o momento de despertar. Não dependa da sorte. A vida já é arriscada o bastante.

Após considerar os possíveis custos emocionais, financeiros e existenciais da compra de ações individuais, é possível entender por que prefiro investir em fundos de índice. Devido à sua simplicidade, consigo me concentrar em aspectos da vida muito mais importantes do que meu portfólio.

Agora que discutimos em que investir (e por que não comprar ações individuais), vamos explorar *quando* você deve investir seu dinheiro.

13.

QUANDO INVESTIR?

Quanto mais cedo, melhor

ANTES DE O American Pharoah conquistar a Tríplice Coroa em 2015, ninguém esperava muito do cavalo. Mas Jeff Seder pensava diferente.

Seder trabalhava como analista no Citigroup antes de largar tudo e seguir sua paixão de prever o resultado de corridas de cavalos. Ele não era como outros pesquisadores da área, pois não se importava com um aspecto que costumava ser uma obsessão entre os criadores de cavalos — a linhagem.

Segundo a visão tradicional, a mãe, o pai e a ascendência em geral de um cavalo eram os principais determinantes do sucesso nas corridas. No entanto, após analisar registros históricos, Seder percebeu que a linhagem não era um grande preditor. Ele precisava encontrar outro preditor e, para tanto, necessitava de dados.

E foram dados que ele coletou. Durante anos, Seder avaliou todas as características dos cavalos — tamanho das narinas; peso dos excrementos; densidade das fibras musculares de contração rápida —, mas não chegou a um resultado.

Então, ele teve a ideia de medir o tamanho dos órgãos internos de um cavalo com um ultrassom portátil. Bingo. Encontrou o que procurava.

CONTINUE A COMPRAR

Seth Stephens-Davidowitz menciona a descoberta de Seder em *Todo Mundo Mente*:

> "Ele descobriu que o tamanho do coração, e especialmente do ventrículo esquerdo, era um enorme preditor do sucesso de um cavalo, a variável única mais importante."[84]

Sim, o tamanho do coração era um melhor preditor da habilidade de corrida do que qualquer outro aspecto. E, com essa informação, Seder convenceu seu comprador a escolher o American Pharoah e desconsiderar os outros 151 cavalos em leilão. O resto é história.

A descoberta de Seder destaca como insights profundos podem ser obtidos a partir de um ponto de dados útil. Em *Factfulness*, Hans Rosling corrobora essa questão ao discutir a importância da mortalidade infantil para a compreensão do desenvolvimento de um país:

> "Sabia que estou obcecado pelo número da taxa de mortalidade infantil?... Porque as crianças são muito frágeis. Há várias coisas que podem matá-las. Quando apenas quatorze crianças morrem a cada mil na Malásia, isso significa que as outras 986 sobrevivem. Seus pais e sua sociedade conseguem protegê-las de todos os perigos que poderiam matá-las: germes, fome, violência e assim por diante.

> Portanto, esse número quatorze nos diz que a maioria das famílias na Malásia tem comida suficiente, que os sistemas de esgoto não contaminam a água potável, que há bom acesso aos cuidados de saúde primários e que as mães sabem ler e escrever. Ele não determina apenas a saúde das crianças, mas a qualidade de toda a sociedade."[85]

A mortalidade infantil, usada por Rosling, e o tamanho do coração, utilizado por Seder, exemplificam como sistemas complexos podem ser mais facilmente compreendidos com uma única informação precisa.

No que diz respeito a *quando* investir, também há uma informação capaz de orientar todas as decisões futuras.

Na Maior Parte do Tempo, a Maioria dos Mercados Sobe

A informação capaz de orientar suas decisões de investimento é:

Na maior parte do tempo, a maioria dos mercados sobe.

Isso é verdade apesar do curso caótico e às vezes destrutivo da história humana. Como Warren Buffett afirmou de forma tão eloquente:

> "No século XX, os EUA enfrentaram duas guerras mundiais e outros conflitos militares traumáticos e dispendiosos; a Grande Depressão; algumas recessões e pânicos financeiros; crises do petróleo; uma epidemia de gripe; e a renúncia de um presidente desonrado. No entanto, o Dow subiu de 66 para 11.497."[86]

Essa lógica não se aplica apenas aos mercados dos EUA. Como ilustrei no início do Capítulo 11, os mercados de ações em todo o mundo têm apresentado uma tendência positiva de longo prazo.

Essa evidência empírica sugere que você deve investir seu dinheiro o mais rápido possível.

Por quê?

Porque, na maior parte do tempo, a maioria dos mercados sobe, e isso significa que cada dia de espera para investir resulta em preços mais altos no futuro. Portanto, em vez de esperar pelo melhor momento, você deve tomar a iniciativa e investir o que puder agora.

Podemos ilustrar esse aspecto com um exercício mental bastante absurdo.

Imagine que você recebeu $1 milhão e deseja fazê-lo render ao máximo nos próximos cem anos. Porém, você só pode adotar uma das duas estratégias de investimento possíveis:

1. Investir todo o dinheiro agora.

2. Investir 1% do dinheiro a cada ano nos próximos cem anos.

Qual delas você prefere?

Se presumirmos que os ativos escolhidos aumentarão de valor ao longo do tempo (caso contrário, por que você investiria?), é evidente que comprar agora será melhor do que comprar no decorrer de cem anos. Esperar um século para investir significa comprar a preços cada vez mais altos, enquanto o dinheiro não investido perde valor para a inflação.

Podemos aplicar essa mesma lógica a períodos muito menores do que cem anos. Afinal, se você não esperaria cem anos para investir, também não deveria esperar cem meses ou cem semanas.

Como diz o velho ditado:

> "O melhor momento para começar foi ontem. O segundo melhor momento é hoje."

Claro, nunca *parece* a decisão certa, pois você fica se perguntando se conseguiria um preço melhor no futuro.

E, acredite, essa percepção faz sentido, pois é muito provável que um preço melhor apareça em algum momento no futuro. Entretanto, os dados sugerem que é melhor ignorá-la completamente.

Agora, vamos analisar por que preços melhores no futuro são prováveis, por que você não deve esperar por eles e por que deve investir o mais rápido possível. Investir mais cedo é a melhor estratégia para as ações dos EUA e para quase todas as outras classes de ativos existentes.

Por que Preços Melhores no Futuro São Prováveis (e Por que Você Não Deve Esperar por Eles)

Se você escolhesse aleatoriamente um dia de negociação para o Dow Jones Industrial Average entre 1930 e 2020, haveria mais de 95% de chance de que o Dow fechasse mais *baixo* em *algum* dia de negociação no futuro.

Isso significa que aproximadamente um em cada vinte dias de negociação (um por mês) propiciaria uma verdadeira pechincha. Os outros dezenove acarretariam o remorso do comprador em *algum momento* no futuro.

É por isso que a espera por um preço mais baixo parece ideal. Tecnicamente, há 95% de chance de você estar certo.

Na verdade, desde 1930, o tempo médio de espera por um preço mais baixo após comprar o Dow é de apenas dois dias de negociação. No entanto, a média é de 31 dias de negociação (1,5 mês).

O verdadeiro problema, porém, é que às vezes um preço mais baixo nunca ocorre ou você precisa esperar muito tempo por ele.

Por exemplo, em 9 de março de 2009, o Dow Jones Industrial Average fechou em 6.547. Esse foi o ponto mais baixo durante a Grande Crise Financeira.

Sabe qual foi a última vez que o Dow fechou abaixo de 6.547 antes dessa data?

Em 14 de abril de 1997 — doze anos antes.

Isso significa que, se você tivesse comprado o Dow em 15 de abril de 1997, precisaria esperar quase doze anos por um preço mais baixo. Ter paciência para esperar tanto tempo por um preço melhor é praticamente impossível para qualquer investidor.

É por isso que o market timing, embora atraente na teoria, é difícil na prática.

Como resultado, a melhor abordagem de market timing é investir seu dinheiro o mais rápido possível. E não é apenas uma opinião minha. Essa abordagem é respaldada por dados históricos em várias classes de ativos e diferentes períodos.

Investir Agora ou ao Longo do Tempo?

Antes de analisarmos os dados, é importante compreendermos alguns termos que usarei no restante deste capítulo:

- **Compra Imediata:** o ato de investir todo o seu dinheiro disponível de *uma só vez*. A quantia de dinheiro investida não faz diferença; o importante é que todo o valor seja investido imediatamente.

- **Compra Gradual:** o ato de investir todo o seu dinheiro disponível *ao longo do tempo*. A forma de investimento depende de você. No entanto, a abordagem típica são aportes de mesmo valor durante um período específico (por exemplo, um aporte por mês durante doze meses).

A seguir, é possível visualizar a diferença entre investir $12 mil por meio da Compra Imediata e da Compra Gradual ao longo de doze meses.

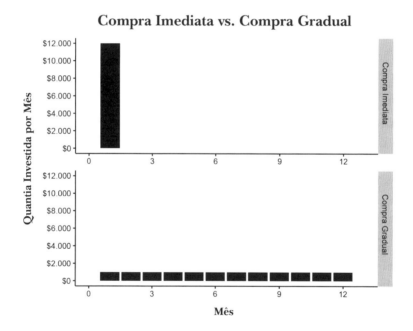

Com a Compra Imediata, você investe os $12 mil (todos os seus fundos) no primeiro mês, mas, com a Compra Gradual, você investe apenas $1.000 no primeiro mês, e os $11 mil restantes são investidos em aportes de $1.000 durante os onze meses seguintes.

Se você investisse no S&P 500 usando essas duas estratégias ao longo da história, descobriria que a Compra Gradual tem *desempenho inferior* à Compra Imediata na maioria das vezes.

Para ser mais preciso, a Compra Gradual tem um desempenho, em média, 4% inferior em relação à Compra Imediata a cada doze meses consecutivos e 76% inferior considerando todos os doze meses consecutivos de 1997 a 2020.

Embora 4% não pareça muito em um ano, é apenas *em média*. Se analisarmos o nível de desempenho inferior ao longo do tempo, constataremos que ele pode piorar bastante.

Por exemplo, o gráfico a seguir ilustra esse aspecto traçando a diferença de desempenho da Compra Gradual em relação à Compra Imediata ao investir no S&P 500 ao longo de todos os doze meses consecutivos desde 1997.

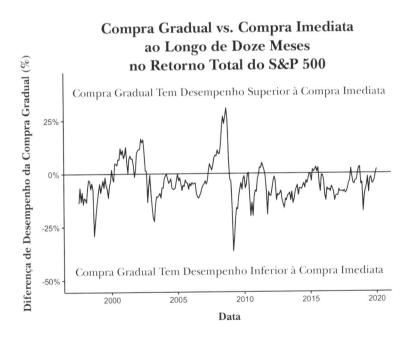

Cada ponto na linha representa a diferença de retorno entre a Compra Gradual e a Compra Imediata após doze meses. Por exemplo, o ponto mais alto na linha ocorre em agosto de 2008, quando a Compra Gradual teve um desempenho 30% superior em relação à Compra Imediata em um ano.

Por que a Compra Imediata teve um desempenho tão ruim em relação à Compra Gradual em agosto de 2008?

Porque o mercado de ações dos EUA entrou em crise logo após agosto de 2008. Mais especificamente, se você investisse $12 mil no S&P 500 no final de agosto de 2008, até o final de agosto de 2009 teria apenas US$9.810 (incluindo dividendos reinvestidos), resultando em uma perda total de 18,25%.

Porém, se você seguisse a Compra Gradual e investisse US$1.000 por mês durante o mesmo período, teria cerca de $13.500 (ou um *ganho* de 12,5%) até o final de agosto de 2009.

É assim que chegamos ao desempenho 30% superior da Compra Gradual entre agosto de 2008 e agosto de 2009.

No entanto, a informação-chave desse gráfico não é o pico, mas a linha geralmente abaixo de 0%. Quando a linha está abaixo de 0%, a Compra Gradual tem desempenho inferior à Compra Imediata e, quando está acima de 0%, a Compra Gradual tem desempenho superior à Compra Imediata.

Como é possível perceber, na maioria das vezes, a Compra Gradual tem *desempenho inferior* à Compra Imediata. E não se trata apenas de viés de recência. Se analisarmos os retornos das ações dos EUA de 1920 a 2020, constataremos que a Compra Gradual tem um desempenho, em média, 4,5% inferior em relação à Compra Imediata a cada 12 meses consecutivos e 68% inferior considerando todos os 12 meses consecutivos. O gráfico a seguir ilustra esse período mais longo da mesma forma que o gráfico anterior.

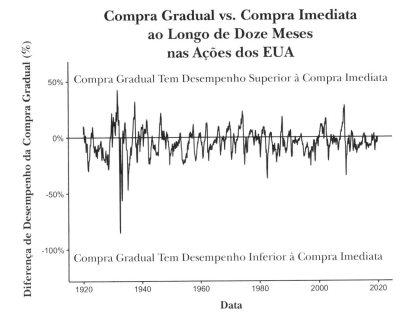

As únicas vezes em que a Compra Gradual tem desempenho superior à Compra Imediata são os picos antes das grandes crises de mercado (por exemplo, 1929, 2008 etc.). Isso ocorre porque, na Compra Gradual, os aportes são feitos em um mercado em queda e, portanto, a um preço médio menor do que um único investimento com a Compra Imediata.

E, embora pareça que estamos sempre à beira de uma crise de mercado, a verdade é que grandes crises têm sido bastante raras. É por isso que a Compra Gradual teve desempenho inferior à Compra Imediata durante a maior parte da história.

Como vimos, a Compra Imediata é melhor do que a Compra Gradual ao investir em ações, mas e quanto a outros ativos?

E Quanto a Outros Ativos?

Em vez de preencher este livro com inúmeros gráficos que ilustram a superioridade da Compra Imediata sobre a Compra Gradual em várias classes de ativos, criei uma tabela resumida. Ela mostra o *desempenho infe-*

CONTINUE A COMPRAR

rior da Compra Gradual em relação à Compra Imediata em todos os doze meses de 1997 a 2020.

Ativo (1997-2020)	Desempenho Inferior da Compra Gradual ao Longo de Doze Meses	Porcentagem de Períodos de Doze Meses em que a Compra Gradual Teve Desempenho Inferior
Bitcoin (2014-2020)	96%	67%
Índice do Tesouro dos EUA	2%	82%
Ouro	4%	63%
Ações de Mercados Desenvolvidos	3%	62%
Ações de Mercados Emergentes	5%	60%
Portfólio 60/40 de Ações/ Títulos dos EUA	3%	82%
Retorno Total do S&P 500	4%	76%
Ações dos EUA (1920-2020)	4%	68%

Por exemplo, a tabela mostra que, para um investidor em ouro, em qualquer período de 12 meses de 1997 a 2020, o desempenho médio da Compra Gradual foi 4% inferior ao da Compra Imediata, e esse desempenho inferior se confirmou em 63% do tempo.

Como é possível perceber, a Compra Gradual teve um desempenho, em média, 2% a 4% inferior em relação à Compra Imediata ao longo de 12 meses na maioria dos ativos e em 60% a 80% de todos os meses iniciais.

Isso implica que, se você escolher um mês aleatório para calcular a média de um ativo, é muito provável que obtenha um desempenho inferior a um investimento único semelhante nesse mesmo ativo.

E Quanto ao Risco?

Até agora, comparamos apenas o *desempenho* entre a Compra Imediata e a Compra Gradual, mas sabemos que os investidores também se preocupam com a diferença de risco entre duas estratégias.

A Compra Imediata não é mais arriscada do que a Compra Gradual? A resposta é um retumbante "sim!".

Como o gráfico a seguir ilustra, o desvio-padrão da Compra Imediata é *sempre maior* do que o da Compra Gradual ao investir no S&P 500. Como lembrete, o desvio-padrão mostra o quanto uma determinada série de dados se desvia de seu resultado médio. Portanto, um desvio-padrão maior geralmente corresponde a um investimento ou uma estratégia de investimento mais arriscada.

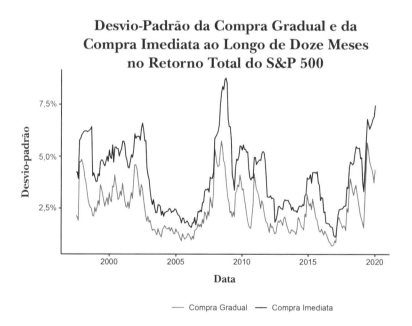

A Compra Imediata é mais arriscada, pois o investimento e a exposição total ao ativo subjacente são instantâneos, enquanto a Compra Gradual é parcialmente feita em dinheiro em espécie durante todo o período de compra. Sabemos que as ações são um ativo mais arriscado do que o dinheiro em espécie, portanto, quanto mais exposição às ações, maior o risco.

Porém, se você está preocupado com o risco, talvez deva considerar a Compra Imediata e investir em um portfólio *mais conservador*.

Por exemplo, se sua opção inicial fosse a Compra Gradual em um portfólio 100% de ações dos EUA, você poderia substituí-la pela Compra Imediata em um portfólio 60/40 de ações/títulos dos EUA para ter retornos ligeiramente melhores com *o mesmo nível de risco*.

Como ilustra o gráfico a seguir, de 1997 a 2020, a Compra Gradual em um portfólio 100% de ações dos EUA teve um desempenho inferior à Compra Imediata em um portfólio 60/40 de ações/títulos dos EUA na maior parte do tempo.

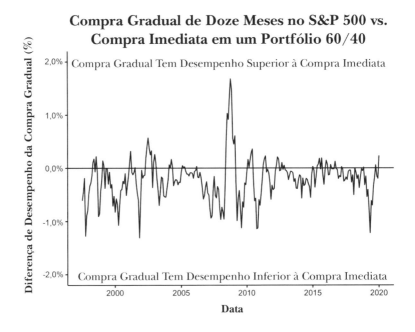

Sim, o desempenho inferior da Compra Gradual é pequeno nesse caso, mas você obtém o pequeno desempenho superior da Compra Imediata com o mesmo (ou menor) nível de risco na maioria das vezes. É isso que os investidores querem: desempenho superior, com menor risco. O gráfico a seguir ilustra o desvio-padrão consecutivo dos retornos dessas duas estratégias entre 1997 e 2020.

Como é possível perceber, na maioria das vezes, a Compra Imediata em um portfólio 60/40 tem o mesmo ou um menor nível de risco do que a Compra Gradual no S&P 500 (100% de ações).

Em resumo, a Compra Imediata em um equilibrado portfólio 60/40 geralmente supera a Compra Gradual em um portfólio 100% de ações.

Portanto, se você pretende escolher um portfólio só de ações devido à preocupação com o risco associado à Compra Imediata, há uma opção melhor. Em vez de se comprometer com a Compra Gradual em um portfólio 100% de ações, considere a Compra Imediata e invista em um portfólio menos arriscado, como 60% de ações e 40% de títulos.

CONTINUE A COMPRAR

Faz Diferença Investir Seu Dinheiro Parado em Títulos do Tesouro?

Uma das críticas comuns dessa análise é que a Compra Gradual pressupõe que todo o seu dinheiro fica parado enquanto você espera para alocá-lo. Alguns argumentam que esse dinheiro deveria ser investido em títulos do Tesouro dos EUA, gerando um retorno enquanto você faz a Compra Gradual.

Concordo com essa lógica na teoria, mas o problema é que a maioria dos investidores não segue esse conselho na prática. Poucos alocam seu dinheiro em títulos do Tesouro enquanto aguardam para migrá-lo lentamente para as ações.

Sei disso, pois confirmei esse fato com consultores financeiros. Eles tiveram inúmeras conversas com clientes em potencial que mantinham dinheiro parado *há anos*, esperando o momento certo para entrar no mercado.

Mas também sei disso pela pesquisa mensal de alocação de ativos conduzida pela Associação Americana de Investidores Individuais (AAII). A pesquisa da AAII revela que, desde 1989, o investidor individual médio mantém mais de 20% de seu portfólio em dinheiro.[87]

Mesmo que a premissa não funcione porque os investidores não a seguem na prática, decidi analisar os dados. A tabela a seguir mostra o desempenho inferior médio da Compra Gradual em comparação à Compra Imediata *ao investir o dinheiro parado em títulos do Tesouro* enquanto se faz a Compra Gradual.

Ativo (1997-2020)	Desempenho Inferior da Compra Gradual ao Longo de Doze Meses	Porcentagem de Períodos de Doze Meses em que a Compra Gradual Teve Desempenho Inferior
Bitcoin (2014-2020)	96%	65%
Índice do Tesouro dos EUA	1%	72%
Ouro	3%	60%

QUANDO INVESTIR?

Ativo (1997-2020)	Desempenho Inferior da Compra Gradual ao Longo de Doze Meses	Porcentagem de Períodos de Doze Meses em que a Compra Gradual Teve Desempenho Inferior
Ações de Mercados Desenvolvidos	2%	60%
Ações de Mercados Emergentes	4%	57%
Portfólio 60/40 de Ações/ Títulos dos EUA	2%	77%
Retorno Total do S&P 500	3%	74%

Por exemplo, a tabela mostra que, para um investidor em Bitcoin que também mantém seu dinheiro em títulos do Tesouro, em qualquer período de 12 meses de 1997 a 2020, o desempenho médio da Compra Gradual foi 96% inferior ao da Compra Imediata, e esse desempenho inferior se confirmou em 65% do tempo.

A principal diferença em relação aos resultados anteriores é que, em vez de a Compra Gradual ter um desempenho, em média, 2% a 4% inferior, ela teve um desempenho, em média, apenas 1% a 3% inferior e em 60% a 70% (em vez de 70% a 80%) dos meses iniciais. Embora tenha havido uma redução no desempenho inferior da Compra Gradual, ele existiu mesmo ao investir o dinheiro parado em títulos do Tesouro.

As Avaliações de Mercado Importam?

Uma resposta comum que ouço ao recomendar a Compra Imediata em detrimento da Compra Gradual é: "Em tempos normais, isso faz sentido, mas não nessas avaliações de mercado extremas!"

Então, quando as avaliações de mercado estão elevadas, isso implica que devemos reconsiderar a Compra Gradual?

Na verdade, não.

Para os leigos no assunto, o índice de avaliação que estou usando é chamado de Índice Preço-Lucro Ciclicamente Ajustado (CAPE, na sigla em inglês). Ele é uma medida de quanto seria preciso pagar para ter US$1 de lucro em ações dos EUA. Portanto, um CAPE de 10 implica que é preciso pagar US$10 por US$1 de lucro. Quando o CAPE é maior, as ações são mais caras; quando é menor, são consideradas mais baratas.

Se dividirmos o desempenho da Compra Gradual em comparação ao da Compra Imediata pelos percentis do CAPE desde 1960, constataremos que a Compra Gradual tem um desempenho inferior à Compra Imediata em todos eles.

Percentis do CAPE	Desempenho Inferior da Compra Gradual ao Longo de Doze Meses	Porcentagem de Períodos de Doze Meses em que a Compra Gradual Teve Desempenho Inferior
CAPE <15 (<25º percentil)	5%	67%
CAPE 15-20 (25º-50º percentil)	4%	68%
CAPE 20-25 (50º-75º percentil)	3%	71%
CAPE>25 (>75º percentil)	2%	70%

O desempenho inferior da Compra Gradual diminui à medida que o CAPE aumenta, mas, infelizmente, ao tentarmos analisar os períodos com as avaliações de mercado mais altas, nos deparamos com problemas de tamanho da amostra.

Por exemplo, se considerarmos apenas o período em que o CAPE foi maior que 30 (aproximadamente o nível em que estava no final de 2019), a Compra Gradual teve um desempenho, em média, 1,2% *superior* em relação à Compra Imediata ao longo dos doze meses seguintes. No entanto, antes da última década, a única vez em que o CAPE ultrapassou 30 foi na bolha da internet!

Porém, se você esperar para investir porque o CAPE está alto demais, poderá deixar de ter grandes ganhos. Por exemplo, o CAPE ultrapassou 30 em julho de 2017. Se, na época, você tivesse migrado para o dinheiro, teria perdido um aumento de 65% no S&P 500 até o final de 2020 (incluindo dividendos).

Se você acredita que o mercado está supervalorizado e que uma grande retração é iminente, talvez seja necessário esperar anos até que seu palpite se confirme. Considere isso antes de usar a avaliação de mercado como desculpa para deixar o dinheiro parado.

Resumo Final

Ao decidir quando investir todo o seu dinheiro, é quase sempre melhor agora do que ao longo do tempo. Isso é válido para todas as classes de ativos, todos os períodos e quase todas as avaliações de mercado. Geralmente, quanto mais tempo você esperar para investir seu capital, pior será sua situação.

Eu digo "geralmente", pois o único momento em que é melhor optar pela Compra Gradual é quando o mercado está em crise. Porém, é justamente quando o mercado está em crise que você se sente *menos entusiasmado* para investir.

É difícil vencer essas emoções, e é por isso que muitos investidores não conseguem continuar comprando à medida que o mercado cai.

Se você ainda está preocupado em investir uma grande quantia agora, o problema pode ser um portfólio muito arriscado para o seu perfil. E qual seria a solução? Investir seu dinheiro agora em um portfólio mais conservador.

Se a sua alocação-alvo for um portfólio 80/20 de ações/títulos, talvez seja interessante considerar um portfólio 60/40 de ações/títulos e fazer a transição ao longo do tempo. Por exemplo, você pode investir em um portfólio 60/40 hoje, com um plano específico de reequilibrá-lo para 70/30 daqui a um ano e para 80/20 um ano depois disso.

Dessa forma, você obtém certo retorno sobre seu dinheiro sem correr um grande risco inicialmente.

Agora que discutimos o momento ideal de investir, vamos entender por que você nunca deve esperar para comprar na baixa.

14.

POR QUE NÃO ESPERAR PARA COMPRAR NA BAIXA

Nem mesmo Deus consegue superar o DCA

S E O CAPÍTULO anterior não o convenceu a abandonar o market timing para sempre, este certamente o convencerá. É uma afirmação ousada, mas estou preparado para respaldá-la com dados.

Vamos começar com um jogo.

Imagine que você foi transportado para algum momento da história entre 1920 e 1980 e deve investir no mercado de ações dos EUA pelos quarenta anos seguintes. Há duas estratégias de investimento para escolher:

1. **Custo médio em dólar (DCA, na sigla em inglês):** você investe $100 todos os meses por 40 anos.

2. **Compra na baixa:** você poupa $100 por mês e só compra quando o mercado estiver em baixa. Uma baixa é definida como

qualquer momento em que o mercado não atinge uma máxima histórica. Mas vou tornar essa segunda estratégia ainda melhor. Além de comprar na baixa, você também será onisciente (ou seja, "Deus") em relação ao momento da compra. Saberá exatamente quando o mercado está no ponto mais baixo entre duas máximas históricas, o que sempre garantirá o menor preço possível.

A única outra regra do jogo é que, após comprar ações, você não pode se desfazer delas. Deve mantê-las até o final do período.

Então, qual estratégia você escolheria: DCA ou Compra na Baixa?

Logicamente, parece que a Compra na Baixa é infalível. Se você sabe quando o mercado está no ponto mais baixo, consegue sempre comprar pelo menor preço em relação às máximas históricas nesse período.

No entanto, se você realmente aplicar essa estratégia, constatará que a Compra na Baixa tem um desempenho inferior ao DCA em mais de 70% dos períodos de 40 anos entre 1920 e 1980. Isso é verdade mesmo sabendo *exatamente* quando o mercado atingirá o ponto mais baixo.

Nem mesmo Deus consegue superar o DCA!

Por quê? Porque comprar na baixa só funciona quando você sabe que uma queda severa está próxima e consegue prevê-la com precisão.

O problema é que quedas severas de mercado não acontecem com muita frequência. Na história do mercado dos EUA, quedas severas ocorreram apenas nas décadas de 1930, 1970 e 2000. Elas são raras, o que significa que a Compra na Baixa tem uma ínfima chance de superar o DCA.

E os momentos em que a Compra na Baixa, de fato, supera o DCA exigem um timing impecável, divinal. Perder o ponto mais baixo por apenas 2 meses reduz essa chance de 30% para 3%.

Em vez de acreditar nas minhas palavras, vamos analisar os detalhes para compreender por que isso é verdade.

Como Funciona a Compra na Baixa

Para nos familiarizarmos com essa estratégia, vamos considerar o mercado de ações dos EUA de janeiro de 1996 a dezembro de 2019, um período de 24 anos.

No primeiro gráfico, tracei o S&P 500 (com dividendos e ajustado pela inflação) ao longo desse período de 24 anos, com as máximas históricas representadas por pontos cinza.

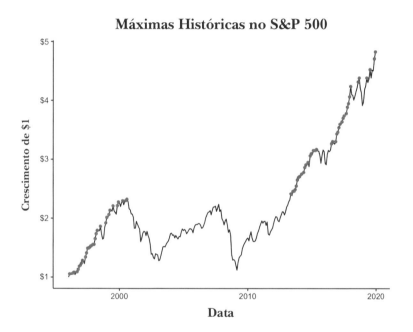

A seguir, apresento o mesmo gráfico anterior, mas com a adição de um ponto preto para cada queda no mercado (definida como o maior declínio entre um par de máximas históricas). Essas quedas são os pontos em que seria aplicada a estratégia de Compra na Baixa.

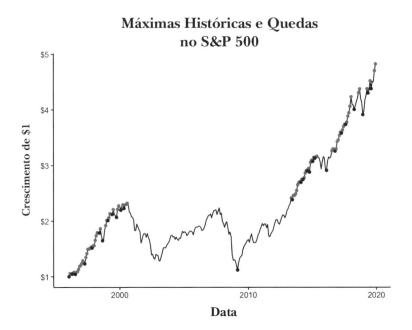

Como é possível perceber, as quedas (pontos pretos) ocorrem no ponto mais baixo entre duas máximas históricas (pontos cinza). A queda mais proeminente nesse período ocorreu em março de 2009 (o único ponto preto próximo a 2010), o ponto mais baixo após a alta do mercado em agosto de 2000.

No entanto, você também notará que há muitas quedas menos proeminentes entre as máximas históricas. Essas quedas se agrupam durante as altas do mercado (meados da década de 1990 e meados da década de 2010).

Para visualizar como funciona a Compra na Baixa, tracei a quantia investida com essa estratégia e o saldo ao longo desse período de 1996 a 2019.

POR QUE NÃO ESPERAR PARA COMPRAR NA BAIXA

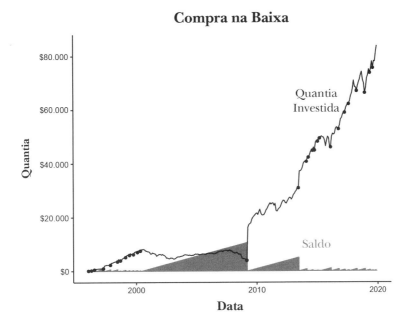

Toda vez que essa estratégia é aplicada no mercado (pontos pretos), o saldo (área sombreada em cinza) chega a zero e a quantia investida aumenta proporcionalmente. Esse aspecto é mais óbvio ao considerarmos março de 2009, quando, após quase 9 anos de economias, investiu-se $10.600 no mercado com a Compra na Baixa.

Se compararmos o valor do portfólio da Compra na Baixa e do DCA, constataremos que a primeira estratégia começa a ter um desempenho superior por volta da compra de março de 2009. Isso é mostrado no gráfico a seguir. Reitero: em cada ponto preto, a estratégia de Compra na Baixa foi aplicada.

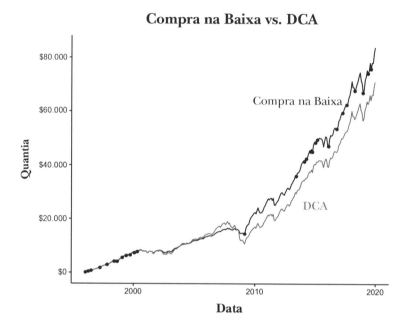

Para entender por que essa compra específica é tão importante, consideremos o quanto cada compra individual com o DCA cresce até o final do período, juntamente com quando a estratégia de Compra na Baixa é aplicada. No gráfico a seguir, cada barra representa o quanto uma compra de $100 cresceu até dezembro de 2019.

Por exemplo, a compra de $100 em janeiro de 1996 cresceu para mais de $500. Novamente, nos pontos pretos, a estratégia de Compra na Baixa foi aplicada.

Crescimento Final de Cada Aporte com o DCA e com a Compra na Baixa

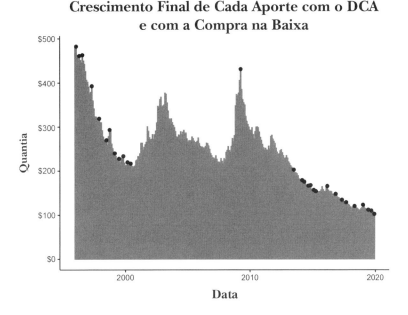

Esse gráfico ilustra o poder de comprar na baixa, pois cada $100 investido em março de 2009 (o único ponto que se destaca próximo a 2010) cresceria para quase $450 até dezembro de 2019.

Há mais dois aspectos a serem observados nesse gráfico:

1. Os primeiros aportes, em média, crescem mais (o efeito dos juros compostos!).
2. Em certos meses (por exemplo, fevereiro de 2003, março de 2009), alguns aportes crescem consideravelmente mais do que outros.

Se unirmos esses dois aspectos, concluiremos que a Compra na Baixa superará o DCA quando ocorrerem *grandes quedas no início* do período.

O melhor exemplo disso é o período de 1928 a 1957, que inclui a maior queda da história do mercado de ações dos EUA (junho de 1932).

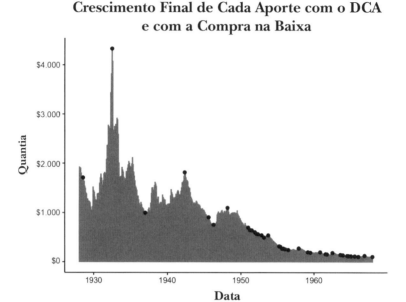

A Compra na Baixa funciona incrivelmente bem de 1928 a 1957, pois é aplicada no início da maior queda de todos os tempos (junho de 1932). Cada $100 investido no ponto mais baixo do mercado em junho de 1932 cresceria para $4 mil em termos reais até 1957! Não há nenhum outro período semelhante na história do mercado dos EUA.

Talvez pareça que estou defendendo a estratégia de Compra na Baixa, mas os períodos de 1996 a 2019 e de 1928 a 1957 são apenas dois períodos em que, coincidentemente, as baixas do mercado foram prolongadas e acentuadas.

Se analisarmos intervalos mais longos, historicamente, a Compra na Baixa não costuma apresentar um desempenho superior. O gráfico a seguir mostra o desempenho superior da Compra na Baixa (em comparação ao DCA) a cada período de quarenta anos ao longo do tempo. Esse desempenho é definido como o valor final do portfólio da Compra na Baixa dividido pelo valor final do portfólio do DCA.

Quando a Compra na Baixa tem um resultado melhor do que o DCA, ela fica acima da linha de 0% e, quando tem um resultado pior, fica abaixo dessa linha. Para ser preciso, mais de 70% do tempo, a Compra na Baixa *tem um desempenho inferior* ao DCA (ou seja, fica abaixo da linha de 0%).

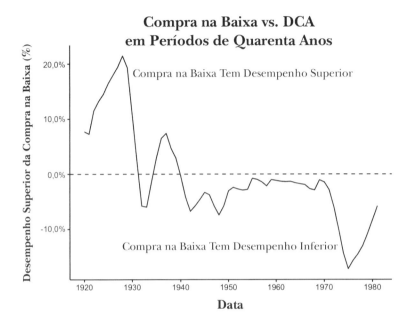

É possível perceber que a Compra na Baixa se sai bem a partir da década de 1920 (devido à acentuada baixa do mercado na década de 1930), com um valor final até 20% maior do que o do DCA. Porém, seu desempenho cai após a baixa do mercado na década de 1930 e continua a cair. Seu pior ano de desempenho (em relação ao DCA) ocorre imediatamente após a baixa do mercado em 1974 (investimentos a partir de 1975).

O período de 1975 a 2014 é particularmente ruim para a Compra na Baixa, pois ele perde o ponto mais baixo que ocorreu em 1974. A partir de 1975, a próxima máxima histórica do mercado ocorre apenas em 1985, ou seja, só há queda depois de 1985.

Devido a esse timing infeliz para a Compra na Baixa, o DCA consegue superá-la facilmente. O gráfico a seguir mostra ambas as estratégias no período de quarenta anos a partir de 1975. Como de costume, nos pontos pretos, a estratégia de Compra na Baixa foi aplicada.

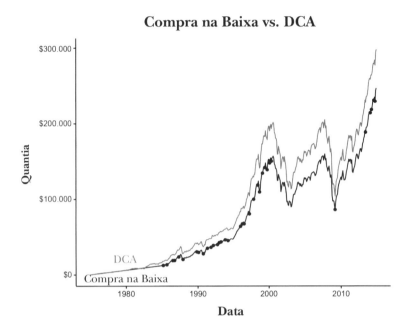

Como é possível perceber, o DCA ganha uma vantagem inicial sobre a Compra na Baixa e nunca a perde. Apesar das poucas grandes quedas em que a estratégia de Compra na Baixa é aplicada, pois elas ocorrem *mais tarde* nesse período, há menos tempo para o efeito cumulativo.

Esse aspecto fica mais evidente se analisarmos o gráfico de crescimento dos aportes nesse período.

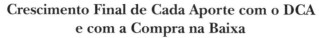

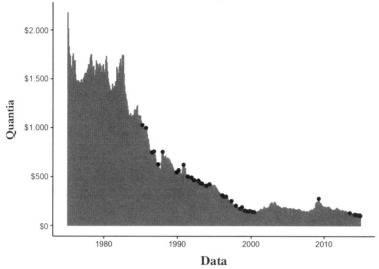

Ao contrário das simulações de 1928 a 1957 e de 1996 a 2019, não é possível aplicar a estratégia de Compra na Baixa nas grandes quedas do *início* do período durante a simulação de 1975 a 2014. É possível aplicá-la na queda de março de 2009, mas acontece tão tarde que não propicia vantagem suficiente para superar o DCA.

Isso ilustra que, mesmo com informações precisas, a Compra na Baixa costuma ter um desempenho inferior ao DCA. Portanto, se você acumular dinheiro na esperança de comprar no próximo ponto mais baixo do mercado, provavelmente estará em uma situação pior do que se tivesse comprado o mais rápido possível.

Por quê?

Porque, enquanto espera pela sua idolatrada baixa, você pode acabar descobrindo que ela nunca acontecerá. Como resultado, perderá meses (ou mais) de crescimento composto à medida que o mercado continuará subindo e o deixando para trás.

O que torna a estratégia de Compra na Baixa ainda mais problemática é que até agora presumimos que você sabe exatamente quando ocorrerá o ponto mais baixo do mercado. Mas, na realidade, você nunca terá certeza. Nunca terá um market timing preciso.

Eu apliquei uma variação da Compra na Baixa na qual a estratégia perde o ponto mais baixo por dois meses, e adivinhe? Perder o ponto mais baixo por apenas 2 meses acarreta um desempenho inferior ao DCA em 97% do tempo! Mesmo alguém que fosse bom em identificar baixas do mercado e que conseguisse prevê-las dois meses antes do ponto mais baixo perderia no longo prazo.

Para Concluir

O principal objetivo deste capítulo é reiterar que poupar dinheiro para comprar na baixa é inútil. Você estará em uma situação muito melhor se continuar comprando. E, como vimos no capítulo anterior, geralmente é melhor investir mais cedo. Ao unir esses dois aspectos, a conclusão é incontestável:

Você deve investir o mais rápido e com a maior frequência possível.

É o éthos central da filosofia Continue a Comprar, que transcende tanto o tempo quanto o espaço.

Por exemplo, se você escolhesse um mês aleatório desde 1926 para comprar uma ampla cesta de ações dos EUA e continuasse comprando pelo resto da década seguinte, haveria 98% de chance de superar o dinheiro parado e 83% de chance de superar as notas de 5 anos do Tesouro. Mais importante, você teria obtido um retorno de cerca de 10,5%.[88]

Se você fizesse uma análise semelhante para um grupo de ações globais desde 1970, teria superado o dinheiro parado em 85% dos períodos de 10 anos e obtido um retorno de cerca de 8%.[89]

Em ambos os casos, o método para construir riqueza é o mesmo — continuar comprando.

Afinal, se nem mesmo Deus consegue superar o DCA, quais são as suas chances?

Deus Ainda Ri por Último

Ao analisar todos os números deste capítulo, uma das lições mais importantes que aprendi é o quanto nossas vidas de investimento dependem da sorte do timing (formalmente conhecida como *risco de sequência de retornos*, um assunto do próximo capítulo).

Por exemplo, o melhor período de 40 anos que analisei neste capítulo foi de 1922 a 1961, no qual $48 mil (40 anos × 12 meses × $100) em aportes totais com o DCA cresceram para mais de $500 mil (após o ajuste pela inflação).

Compare esse resultado com o pior período, de 1942 a 1981, no qual $48 mil em aportes totais cresceram para apenas $153 mil. É uma diferença de 226%, muito maior do que quaisquer divergências que vimos entre as estratégias de DCA e Compra na Baixa!

Infelizmente, isso ilustra que a estratégia é menos importante do que a reação do mercado. Deus ainda ri por último.

Agora, vamos abordar o papel da sorte nos investimentos.

15.

POR QUE INVESTIR DEPENDE DA SORTE

E por que você não deve se importar

N̲O FINAL DA̲ década de 1970, a visão no mundo editorial era que um autor deveria produzir apenas um livro por ano, pois acreditava-se que mais de uma publicação anual enfraqueceria a marca do autor.

Isso era um pouco problemático para Stephen King, que escrevia dois livros por ano. Em vez de diminuir o ritmo, ele decidiu publicar suas obras adicionais sob o pseudônimo de Richard Bachman.

Nos anos seguintes, todos os livros que King publicou venderam milhões de cópias, enquanto Richard Bachman permanecia relativamente desconhecido. King era uma lenda; Bachman, um zé-ninguém.

No entanto, essa situação mudou quando Steve Brown, funcionário de uma livraria em Washington, D.C., notou a semelhança do estilo de escrita entre King e Bachman. Após ser confrontado com as evidências, King confessou e concordou em conceder uma entrevista a Brown algumas semanas depois.

CONTINUE A COMPRAR

O livro *The Click Moment: Seizing Opportunity in an Unpredictable World*, de Frans Johansson, conta a história do que aconteceu em seguida:

> "Em 1986, após o segredo ser revelado, King relançou todas as obras de Bachman sob seu verdadeiro nome, e elas dispararam nas listas de best-sellers. A primeira tiragem de *A Maldição* vendeu 28 mil cópias — uma quantidade maior do que qualquer livro de Bachman e acima da média para um autor. Porém, quando se soube que Richard Bachman era Stephen King, os livros de Bachman decolaram, com as vendas rapidamente atingindo 3 milhões de cópias."

Esse fenômeno não é exclusivo de Stephen King. J.K. Rowling publicou o livro *O Chamado do Cuco* sob o pseudônimo de Robert Galbraith, mas acabou sendo descoberta por análises de texto avançadas.[90]

Pouco depois dessa revelação, as vendas de *O Chamado do Cuco* aumentaram mais de 150.000%, alcançando o terceiro lugar na lista de best-sellers da Amazon, sendo que antes ocupava a 4.709ª posição.[91]

A incursão de King e Rowling no mundo dos pseudônimos revela uma dura verdade sobre o papel da sorte no sucesso. Embora as conquistas de ambos os autores não sejam apenas resultado do acaso, é difícil explicar por que eles venderam milhões de cópias, enquanto Bachman e Galbraith não o fizeram apesar da qualidade semelhante. A sorte se mostra essencial.

Infelizmente, as mesmas forças misteriosas, capazes de construir ou destruir uma carreira, podem ter um impacto descomunal nos resultados de investimento.

Como o Ano de Nascimento Afeta os Retornos de Investimento

Se você acha que algo tão aleatório quanto o ano de nascimento tem pouco impacto na capacidade de construir riqueza, está enganado. Ao longo da história, os mercados de ações tendem a passar por altos e baixos que não são fáceis de prever.

Para ilustrar esse aspecto, considere o retorno anualizado do S&P 500 por década desde 1910 (incluindo dividendos e ajuste pela inflação).

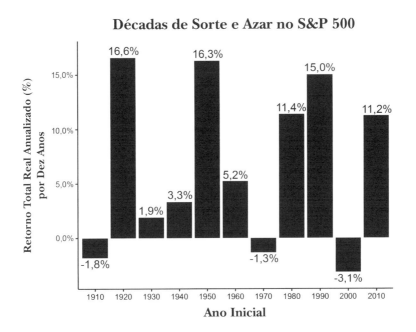

Como é possível perceber, dependendo da década em que você investisse, poderia obter retornos anuais positivos de 16,6% ou *negativos* de 3,1% em um período de 10 anos. É um spread de retorno anualizado de 20 pontos percentuais que não teria nada a ver com suas escolhas de investimento.

No entanto, essa é apenas a ponta do iceberg. Se você analisar períodos de vinte anos, constatará que a variação nos retornos anualizados ainda é grande.

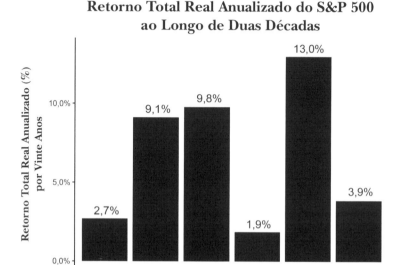

Ao longo de 20 anos, dependendo do período em que você investisse, poderia obter retornos anuais de 13% na melhor das hipóteses ou retornos anuais de 1,9% na pior das hipóteses.

Devido a essa variação nos retornos ao longo do tempo, mesmo os investidores com habilidades legítimas podem apresentar um desempenho inferior àqueles que tiveram apenas sorte.

Por exemplo, se a cada ano você tivesse um desempenho 5% superior ao mercado de 1960 a 1980, ganharia *menos dinheiro* do que se a cada ano tivesse um desempenho 5% inferior ao mercado de 1980 a 2000. Isso porque o retorno total real anualizado de 1960 a 1980 foi de 1,9%, enquanto o de 1980 a 2000 foi de 13% (e 1,9% + 5% < 13% − 5%).

Pense nisso. Um investidor incrível (com um desempenho anual 5% superior ao mercado) ganharia menos dinheiro do que um investidor terrível (com um desempenho anual 5% inferior) devido ao *momento* em que começou a investir. Esse exemplo foi estrategicamente escolhido, mas demonstra como investidores qualificados (com desempenho superior) podem perder para investidores não qualificados (com desempenho inferior) simplesmente porque investiram durante um ambiente de mercado difícil.

A única boa notícia é que, em períodos de trinta anos, as diferenças nos retornos anualizados são muito menos acentuadas.

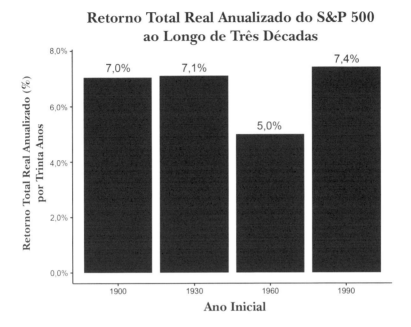

Embora estejamos analisando apenas quatro períodos de dados não sobrepostos, isso sugere que os investidores de longo prazo em ações dos EUA costumam ser recompensados por seus esforços. Talvez esse aspecto não se mantenha no futuro, mas, com base nos registros históricos, acredito que se manterá.

Agora que examinamos como a sorte pode impactar o retorno total do investimento ao longo do tempo, precisamos considerar a *ordem* dos retornos de investimento e por que ela é importante.

Por que a Ordem dos Retornos É Importante

Suponha que você colocou $10 mil em uma conta de investimento que obteve os seguintes retornos nos quatro anos subsequentes:

- +25% no primeiro ano
- +10% no segundo ano
- –10% no terceiro ano
- –25% no quarto ano

A situação seria melhor se você obtivesse os retornos em uma ordem diferente? Por exemplo, imagine os mesmos retornos, mas na ordem inversa:

- –25% no primeiro ano
- –10% no segundo ano
- +10% no terceiro ano
- +25% no quarto ano

Isso afetaria o valor final do portfólio de $10 mil iniciais?

A resposta é não.

Ao fazer um único investimento, sem adicionar ou subtrair fundos extras, a ordem dos retornos não importa. Se você não acredita, tente provar que $3 \times 2 \times 1$ não é igual a $1 \times 2 \times 3$.

Mas e se você adicionar (ou subtrair) dinheiro ao longo do tempo? A ordem dos retornos é importante nesse caso?

Sim. Quando você adiciona dinheiro *ao longo do tempo*, atribui uma ênfase maior aos retornos futuros, já que haverá mais dinheiro em jogo em um período posterior. Como resultado, a importância dos retornos futuros aumenta à medida que você adiciona mais dinheiro. Isso significa que, após adicionar fundos, um retorno negativo custará mais *em termos absolutos* do que se tivesse ocorrido antes.

E, como a maioria dos investidores individuais adiciona ativos ao longo do tempo, a ordem dos retornos é mais importante do que qualquer outro risco financeiro. Isso é formalmente conhecido como *risco de sequência de retornos* e pode ser explicado com o seguinte exercício mental.

Imagine poupar $5 mil por ano durante 20 anos em 2 cenários diferentes:

1. **Retornos Negativos Precoces:** você obtém retornos de –10% por 10 anos, seguidos de retornos de +10% por 10 anos.
2. **Retornos Negativos Tardios:** você obtém retornos de +10% por 10 anos, seguidos de retornos de –10% por 10 anos.

Ambos os cenários têm os mesmos retornos e as mesmas contribuições totais de $100 mil em um período de 20 anos. A única diferença é o *timing* dos retornos em relação aos fundos investidos.

No gráfico a seguir, é possível analisar o valor final do portfólio em cada cenário. Observe que incluí uma linha vertical na marca de 10 anos para destacar a mudança da sequência de retornos de –10% para +10% (e vice-versa).

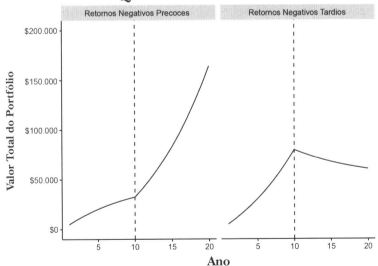

Como é possível perceber, embora você tenha investido $5 mil por ano, o valor final do portfólio difere significativamente com base na *or-*

dem dos retornos. Apesar da mesma quantia investida ao longo do tempo, o cenário de Retornos Negativos Precoces termina acima de $100 mil a mais do que o cenário de Retornos Negativos Tardios.

Obter retornos negativos mais tarde (quando há mais dinheiro em jogo) acarreta uma situação muito pior do que obter esses retornos no início do investimento. Em outras palavras, o final é tudo.

O Final É Tudo

Considerando que você (tal como a maioria dos investidores) acumulará ativos durante a maior parte da vida, os retornos de investimento mais importantes ocorrerão à medida que você se aproximar e entrar na aposentadoria. Com grandes retornos negativos durante esse período, suas economias podem sofrer reduções significativas, e talvez você não viva o bastante para recuperá-las.

O que torna esse cenário ainda pior é subtrair dinheiro durante a aposentadoria, o que esgotaria as economias a uma taxa ainda mais rápida.

Felizmente, pesquisas sugerem que um ou dois anos ruins no mercado não terão um impacto significativo na aposentadoria. Como constatou o especialista financeiro Michael Kitces: "Na verdade, uma análise mais aprofundada dos dados revela que há pouca relação entre os retornos no primeiro ou segundo ano de aposentadoria e o valor de resgate que pode ser feito no portfólio de forma segura... mesmo que a aposentadoria comece com uma crise de mercado."[92]

Mas o que Kitces descobriu foi que a *primeira década* de retornos (especificamente retornos ajustados pela inflação) pode ter um impacto significativo. Embora um ou dois anos ruins não sejam um grande problema, uma década ruim pode causar sérios danos financeiros. Isso ilustra por que os retornos de investimento durante a primeira década de aposentadoria são tão importantes.

Considerando essas informações, a seguir está a década em que os retornos de investimento serão mais importantes com base no ano de nascimento (supondo uma aposentadoria aos 65 anos):

- Nascimento em 1960 => 2025–2035
- Nascimento em 1970 => 2035–2045
- Nascimento em 1980 => 2045–2055
- Nascimento em 1990 => 2055–2065
- Nascimento em 2000 => 2065–2075

Como nasci em 1989, preciso dos melhores retornos de 2055 a 2065 (quando devo ter mais dinheiro investido). Porém, mesmo que eu não obtenha os retornos excelentes que desejo, sei que existem formas de reduzir o impacto da sorte nas minhas finanças.

Como Diminuir o Azar nos Investimentos

Apesar da importância da sorte nos investimentos, o futuro financeiro está mais sob seu controle do que você imagina. Independentemente da reação do mercado, você sempre pode decidir quanto poupar/investir, em quais ativos e com que frequência. Investir não se trata apenas das cartas que você recebe, mas da sua estratégia de jogo.

Por mais que eu reconheça a importância da sorte tanto nos investimentos quanto na vida, não sou indefeso diante dela. Você também não deveria ser, pois sempre há uma opção para diminuir o azar.

Por exemplo, se você está prestes a se aposentar e se preocupa com uma década ruim no mercado, apresento algumas formas de limitar a desvantagem:

- **Diversificar adequadamente com ativos de baixo risco (por exemplo, títulos).** Ter uma grande quantidade de títulos ao entrar na aposentadoria pode fornecer renda suficiente para evitar a venda de ações a preços baixos.

- **Retirar menos dinheiro durante as crises de mercado.** Se você planejou retirar 4% ao ano, reduzir temporariamente essa porcentagem pode atenuar os danos causados por uma crise de mercado.

- **Trabalhar meio período para complementar a renda.** Um dos benefícios da aposentadoria é a liberdade para decidir o que fazer com seu tempo. Ou seja, em vez de vender seus ativos existentes, você pode trabalhar em algo novo para gerar renda.

Mesmo que você não esteja prestes a se aposentar, a diversificação adequada e certas mudanças temporárias na renda/nos gastos podem ser incrivelmente úteis em momentos financeiros difíceis.

E, se você for um investidor mais jovem, a melhor forma de diminuir o azar é o tempo em si. Como vimos no Capítulo 13, na maior parte do tempo, a maioria dos mercados sobe, e isso significa que o tempo é amigo de um jovem investidor.

Independentemente da sua situação financeira, você sempre terá opções para combater os períodos de azar. Mais importante, o azar nem sempre é tão ruim quanto parece. Às vezes, é apenas uma parte do jogo. Por isso, o tema do próximo capítulo é a volatilidade do mercado e por que não há motivos para temê-la.

16.

POR QUE NÃO TEMER A VOLATILIDADE

O preço para ter sucesso no mundo dos investimentos

F RED SMITH ESTAVA desesperado. Ele já havia investido a maior parte de seu patrimônio líquido na fundação de uma empresa de entrega de encomendas chamada Federal Express (mais tarde FedEx) e seu pedido de financiamento adicional acabara de ser negado pela General Dynamics, sua parceira de financiamento anterior.

Era sexta-feira e Smith sabia que, na segunda, precisaria pagar US$24 mil pelo combustível de jato da semana seguinte. Havia apenas um problema — a Federal Express tinha só US$5 mil na conta bancária.

Smith fez a única coisa que lhe veio à mente — foi para Vegas e apostou os US$5 mil jogando blackjack.

Na segunda-feira de manhã, Roger Frock, gerente-geral e chefe de operações da Federal Express, verificou a conta bancária da empresa e ficou chocado. Imediatamente, ele confrontou Smith, questionando o que havia acontecido.

CONTINUE A COMPRAR

Smith confessou: "A reunião com o conselho da General Dynamics foi um fracasso e eu sabia que precisávamos de dinheiro para segunda-feira, então peguei um avião para Las Vegas e ganhei US$27 mil."

Sim, ele apostou os últimos US$5 mil da empresa jogando blackjack e ganhou muito dinheiro.

Ainda chocado, Frock perguntou a Smith como ele teve a coragem de arriscar os últimos US$5 mil da empresa. Smith respondeu: "E fez alguma diferença? Sem os fundos para pagar as empresas de combustível, não conseguiríamos usar os aviões."[93]

A história de Smith ilustra uma lição importante sobre o risco e o custo da inação — às vezes, o maior risco é não correr risco algum.

Isso é especialmente verdadeiro no mundo dos investimentos. Embora a mídia financeira muitas vezes mencione o fracasso de um fundo de hedge ou a falência de um ganhador de loteria, com que frequência ela aborda o problema de uma pessoa que mantém dinheiro parado por décadas e não consegue construir riqueza? Quase nunca.

A questão é que pessoas que não se arriscam demoram muitos anos para enfrentar as consequências de suas ações. Mas essas consequências podem ser tão prejudiciais quanto as consequências de correr muitos riscos.

Esse aspecto se torna mais evidente ao analisar a volatilidade do mercado e aqueles que tentam evitá-la. Porque evitar a desvantagem pode limitar severamente a vantagem.

Portanto, se você deseja a vantagem — aumentar a riqueza —, precisa aceitar a volatilidade e os declínios periódicos que a acompanham. É o preço para ter sucesso nos investimentos de longo prazo. Mas até que ponto é aceitável? E qual é o preço a ser pago?

Neste capítulo, apresento um exercício mental simples para abordar o assunto.

POR QUE NÃO TEMER A VOLATILIDADE

O Preço a Ser Pago

Imagine que existe um gênio mágico que, todo dia 31 de dezembro, lhe fornece informações sobre o mercado de ações dos EUA para o ano seguinte.

Infelizmente, esse gênio não pode dizer quais ações individuais comprar ou como o mercado se comportará. No entanto, ele sabe qual será a *pior* queda do mercado de ações nos doze meses seguintes (o maior drawdown intra-anual).

Minha pergunta é: quanto o mercado teria que cair no ano seguinte para que você deixasse de investir em ações e optasse por títulos?

Por exemplo, se o gênio dissesse que o mercado cairia 40% em algum momento do ano seguinte, você continuaria investindo ou recuaria? E se a queda fosse de 20%? Qual é o seu limite?

Antes de você responder à pergunta, deixe-me fornecer alguns dados para informá-lo melhor. Desde 1950, o maior drawdown intra-anual médio do S&P 500 foi de 13,7%, com uma mediana de 10,6%.

Isso significa que, se você investisse no S&P 500 em 2 de janeiro de qualquer ano desde 1950, metade do tempo o mercado cairia 10,6% (ou mais) desde o início do ano e metade do tempo cairia menos de 10,6%. Em média, o mercado cai cerca de 13,7% em algum momento durante determinado ano.

O primeiro gráfico ilustra o maior drawdown intra-anual do S&P 500 desde 1950.

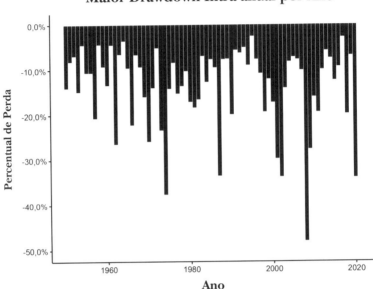

Como é possível perceber, a pior queda ocorreu em 2008, quando o S&P 500 caiu 48% no final de novembro.

Após analisar esses dados, em que nível de queda você escolheria recuar?

Suponhamos que você adote uma abordagem ultraconservadora. Você diz ao gênio que evitaria ações em qualquer ano em que houvesse um drawdown de 5% ou mais e, em vez disso, investiria em títulos.

Chamaremos essa estratégia de Evitar Drawdowns, pois, nos anos em que os drawdowns de ações são muito altos (nesse caso, 5% ou mais), todo o dinheiro é investido em títulos e, nos outros anos, é transferido para ações. A estratégia Evitar Drawdowns foca inteiramente títulos ou inteiramente ações em um determinado ano.

Se você investisse $1 com a estratégia Evitar Drawdowns de 1950 a 2020 (evitando todos os anos com drawdowns de 5% ou mais), isso custaria caro. Em 2018, você teria 90% menos dinheiro do que se tivesse mantido ações o tempo todo ("Buy & Hold", ou comprar e manter). O gráfico a seguir ilustra essa situação (obs.: o eixo y é uma escala logarítmica para demonstrar melhor as mudanças ao longo do tempo).

POR QUE NÃO TEMER A VOLATILIDADE

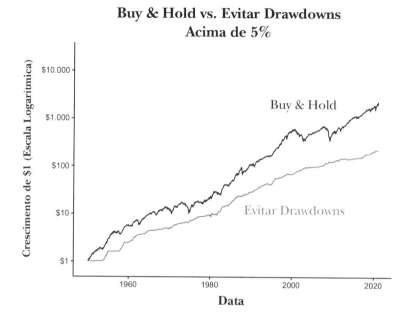

O desempenho inferior à estratégia Buy & Hold ocorreria simplesmente porque você evitaria o mercado com muita frequência. Na verdade, você passaria 90% de todos os anos (todos exceto 7 desde 1950) investindo em títulos.

É possível observar esse aspecto no gráfico a seguir, que destaca (em cinza) quando a estratégia Evitar Drawdowns foca títulos. Observe que esse gráfico é idêntico ao anterior, exceto pelo acréscimo dessa informação.

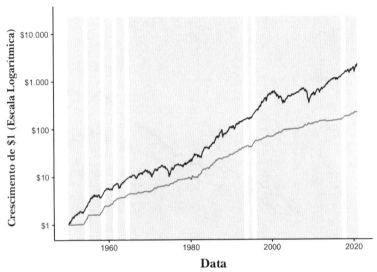

Quando a "Evitar Drawdowns" Foca Títulos em Drawdowns Acima de 5%

É possível perceber que, como você focaria títulos com muita frequência, raramente participaria do crescimento do mercado de ações. Ao não correr risco algum, você acabaria tendo um desempenho inferior significativo em relação à Buy & Hold.

Evitar drawdowns acima de 5% é, obviamente, um caminho seguro demais. E se fôssemos, então, para o outro extremo e evitássemos apenas drawdowns acima de 40%?

Nesse caso, 2008 seria o único ano em que você evitaria o mercado desde 1950. Esse é o ponto exato em que a estratégia Evitar Drawdowns difere da estratégia Buy & Hold, conforme mostrado no gráfico a seguir.

POR QUE NÃO TEMER A VOLATILIDADE

Quando a "Evitar Drawdowns" Foca Títulos em Drawdowns Acima de 40%

Embora a estratégia Evitar Drawdowns (linha cinza) supere a estratégia Buy & Hold (linha preta) ao longo do tempo, a diferença não é muito grande. Ela poderia obter resultados muito melhores se fosse mais conservadora.

Quão conservadora? Qual porcentagem de drawdown deveria ser evitada para maximizar a riqueza?

A resposta é 15% ou mais.

Investir em títulos nos anos em que o mercado caiu 15% (ou mais) e investir em ações nos outros anos maximizaria a riqueza no longo prazo.

Na verdade, se você focasse títulos em cada ano em que o mercado caiu 15% (ou mais), superaria a Buy & Hold em mais de 10x de 1950 a 2020.

O gráfico a seguir mostra a estratégia Buy & Hold versus a estratégia Evitar Drawdowns quando esta última evita drawdowns de 15% ou mais.

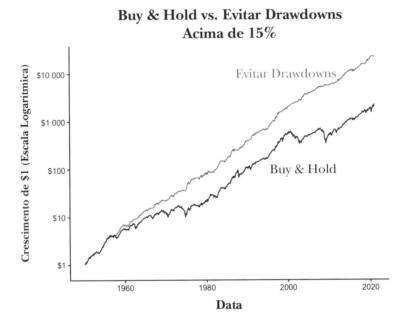

Essa é a zona ideal para evitar drawdowns. Não é muito arriscada, mas também não é muito cautelosa. De fato, essa estratégia despende cerca de um terço do tempo em títulos ao evitar drawdowns intra-anuais de 15% ou mais. No gráfico a seguir, o tempo despendido em títulos está representado por áreas sombreadas em cinza.

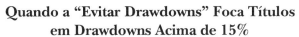

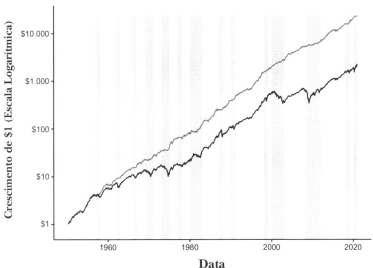

Aumentar o limite de drawdown para mais de 15% (por exemplo, 20%, 30% etc.) acarreta um pior desempenho, pois você despende mais tempo em ações quando elas têm maior probabilidade de perder dinheiro.

Por quê?

Porque os maiores drawdowns intra-anuais do S&P 500 geralmente estão correlacionados com um pior desempenho de retorno ao final do ano. Esse aspecto fica mais evidente se analisarmos um gráfico que compara os retornos anuais e os drawdowns intra-anuais do S&P 500.

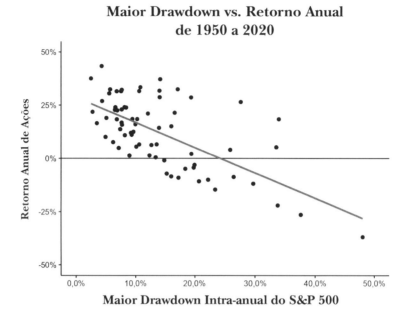

Como é possível perceber, há uma relação negativa entre os drawdowns intra-anuais e os retornos anuais. Os anos com grandes quedas geralmente não terminam bem para o mercado de ações.

No entanto, nem todas as quedas são ruins. Na verdade, o S&P 500 teve um retorno positivo em todos os anos desde 1950, com um drawdown intra-anual de 10% ou menos.

Não Existe Gênio Mágico

Essa análise implica que, se quisermos maximizar a riqueza, há certo nível de queda intra-anual que devemos aceitar (0%–15%) e certo nível que devemos evitar (>15%).

Esse é o preço a ser pago por um investidor em ações. Afinal, os mercados não lhe darão uma oportunidade sem alguns obstáculos ao longo do caminho. É preciso enfrentar algumas desvantagens para obter vantagem.

POR QUE NÃO TEMER A VOLATILIDADE

E, como ilustram os gráficos anteriores, evitar esses obstáculos pode ser benéfico, embora seja impossível saber quando eles ocorrerão. Infelizmente, não existe gênio mágico.

Então, o que nos resta?

A capacidade de diversificar. Podemos diversificar os ativos que possuímos e o momento em que os possuímos. Comprar um conjunto diversificado de ativos geradores de renda *ao longo do tempo* é uma das melhores formas de combater a volatilidade quando ela começa a mostrar os dentes.

Mais importante, é preciso aceitar que a volatilidade é apenas uma parte do jogo. Ela é inerente ao mundo dos investimentos. Mas você não precisa acreditar somente nas minhas palavras. Considere a sabedoria de Charlie Munger, parceiro de negócios de longa data de Warren Buffett:

> "Se você não está disposto a reagir com tranquilidade a uma queda de mercado de 50% ou mais duas ou três vezes por século, não serve para ser um acionista e, portanto, merece o resultado medíocre que obterá."

Assim como muitos outros grandes investidores, Munger estava disposto a tolerar a volatilidade do mercado. E você?

Se você ainda teme a volatilidade, talvez seja necessário reformular seu pensamento sobre as crises de mercado. Para tanto, passemos ao próximo capítulo.

17.

COMO COMPRAR DURANTE UMA CRISE

Por que manter a calma em um pânico

Nunca me esquecerei da manhã de 22 de março de 2020. Era um domingo, e eu estava a caminho do supermercado local, na rua Trinta com a Segunda avenida, em Manhattan.

Menos de 48 horas antes, o S&P 500 havia terminado a semana com uma queda de 3,4% e, naquele momento, estava 32% abaixo das máximas em relação ao mês anterior. Só me lembro disso porque estava tentando justificar para mim mesmo como o mercado poderia se recuperar com a economia global paralisada devido à pandemia.

Os restaurantes de Nova York interromperam as atividades, a temporada da NBA foi suspensa e as notícias de casamentos cancelados começaram a chegar por e-mail. Eu sabia que as outras pessoas também estavam em pânico, pois amigos e familiares me enviavam um número crescente de mensagens aflitas:

Será que atingimos o ponto mais baixo?

Devo vender minhas ações?

A situação ainda pode piorar?

Para ser honesto, eu não fazia ideia. Mas precisava encontrar uma forma de encarar essa crise para manter a sanidade (a minha e a das pessoas que me procuravam).

Enquanto descia a escada rolante em direção ao átrio do supermercado, vi uma enorme variedade de flores à venda. As flores sempre estavam ali, no final da escada rolante, mas, naquela manhã de domingo em particular, reparei que um homem as organizava cuidadosamente.

Naquele momento, percebi que tudo ficaria bem. Mesmo com o mundo desmoronando ao meu redor, de alguma forma, o homem das flores ainda estava lá, tentando vendê-las.

Algo nessa atitude me marcou. Talvez fosse a audácia aparente. Por que eu precisaria de flores em uma situação como aquela? Eu precisava de alimentos enlatados e papel higiênico.

Mas não era audácia. Era apenas normalidade. Se o florista ainda tinha esperança, por que eu não deveria ter? Nunca contei a ninguém sobre essa epifania, mas ela me animou quando eu mais precisava.

Logo depois, uma linha de raciocínio me possibilitou a criação de uma nova estrutura para investir em meio a um pânico financeiro. Apresento-a a seguir e espero que ela mude sua forma de encarar a compra de ativos durante *futuras* crises de mercado.

Escrevi este capítulo como um guia para você consultar quando o mundo financeiro parecer incerto. Em algum momento no futuro, a tempestade inevitavelmente chegará, e minha sugestão é que você releia este capítulo. Se você compreender as lições apresentadas aqui, o preço pago por este livro valerá a pena, muito mais do que se imagina. Que os deuses dos investimentos tenham piedade de sua alma.

COMO COMPRAR DURANTE UMA CRISE

Por que Crises de Mercado São Oportunidades de Compra

O Barão Rothschild, banqueiro do século XVIII, supostamente afirmou: "O momento de comprar é quando há sangue nas ruas." Rothschild fez uma pequena fortuna seguindo esse lema no pânico que sucedeu a Batalha de Waterloo. Mas até que ponto esse argumento é plausível?

No Capítulo 14, fiz o possível para convencê-lo de que é imprudente manter dinheiro na esperança de comprar durante uma correção de mercado (ou seja, quando há sangue nas ruas). A *infrequência* desses eventos faz com que o dinheiro parado não seja lucrativo para a maioria dos investidores na maior parte do tempo.

No entanto, os dados sugerem que ter dinheiro investível durante uma correção de mercado é uma das melhores oportunidades de investimento.

O raciocínio é simples — cada quantia investida durante a crise crescerá muito mais do que a quantia investida nos meses anteriores, *supondo que o mercado acabe se recuperando.*

Para ilustrar, imaginemos que você investiu $100 por mês em ações dos EUA de setembro de 1929 a novembro de 1936. Esse período abrange a crise de 1929 e a recuperação subsequente.

Considerando tal estratégia, o primeiro gráfico mostra o crescimento de cada aporte mensal de $100 até o momento em que as ações dos EUA se recuperaram, em novembro de 1936 (incluindo dividendos e ajuste pela inflação).

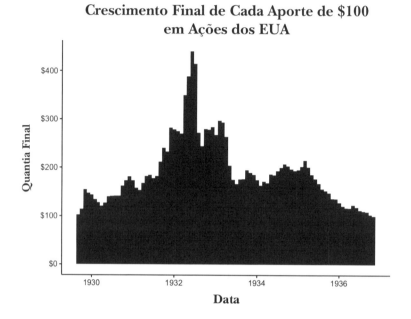

Como é possível perceber, quanto mais próximas do ponto mais baixo no verão de 1932, maior o benefício de longo prazo dessas compras. Cada $100 investido nas mínimas cresceu para $440 até novembro de 1936, aproximadamente *três vezes mais* do que o crescimento de uma compra de $100 feita em 1930 (que cresceu para $150 até 1936).

A maioria das crises de mercado não propiciará essas oportunidades de 3x, mas muitas delas fornecem uma vantagem de 50% a 100%.

De onde vem essa vantagem?

De um simples fato matemático — cada percentual de perda requer um percentual de ganho ainda maior para voltar à condição inicial.

Para que seja possível a recuperação, uma perda de 10% requer um ganho de 11,11%; uma perda de 20% requer um ganho de 25%; e uma perda de 50% requer um ganho de 100% (o dobro). Essa relação exponencial fica mais evidente no gráfico a seguir.

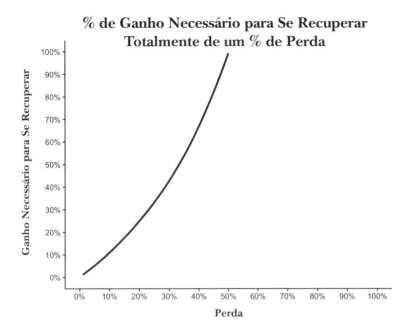

Em 22 de março de 2020, quando tive a percepção de que o mundo superaria a pandemia de Covid-19, o S&P 500 caiu cerca de 33%.

Ou seja, de acordo com o gráfico anterior, o mercado precisaria subir 50% para voltar à condição inicial. Cada $1 investido em 23 de março de 2020 (o dia de negociação subsequente) cresceria para $1,50, presumindo que o mercado se recuperaria em algum momento no futuro.

Felizmente, o mercado se recuperou e em tempo recorde. Em seis meses, o S&P 500 voltou a atingir máximas históricas. As pessoas que compraram em 23 de março tiveram um ganho de 50% em apenas meio ano.

E, mesmo que a recuperação demorasse anos, a compra em 23 de março de 2020 seria uma ótima decisão. Só era preciso reformular o pensamento sobre a vantagem.

Reformulando a Vantagem

Apesar da vantagem aparentemente óbvia de comprar em 23 de março de 2020, muitos investidores tiveram medo de fazê-lo. Infelizmente, o problema parecia ser como racionalizavam a questão.

Por exemplo, se, em 22 de março de 2020, eu lhe perguntasse "Qual o tempo de recuperação esperado para a perda de 33%?", o que você responderia?

Um mês até atingir uma nova máxima histórica?

Um ano?

Uma década?

Com base na sua resposta, podemos calcular o retorno anual esperado para o mercado daqui para a frente.

Como?

Bem, sabemos que uma perda de 33% requer um ganho de 50%. Então, se eu souber qual o *tempo* de recuperação esperado, posso transformar essa vantagem de 50% em um número anualizado.

A fórmula é:

Retorno Anual Esperado = (1 + % de Ganho Necessário para Se Recuperar)^
(1/Número de Anos para Se Recuperar) - 1

Mas, como sabemos que o "% de Ganho Necessário para Se Recuperar" é de 50%, podemos inserir esse número e simplificar a equação:

Retorno Anual Esperado = (1,5)^(1/Número de Anos para Se Recuperar) - 1

Portanto, se você acha que a recuperação do mercado levará:

- 1 ano, então o retorno anual esperado é de 50%

- 2 anos, então o retorno anual esperado é de 22%

- 3 anos, então o retorno anual esperado é de 14%

- 4 anos, então o retorno anual esperado é de 11%

COMO COMPRAR DURANTE UMA CRISE

- 5 anos, então o retorno anual esperado é de 8%

Na época, eu achava que o mercado levaria de um a dois anos para se recuperar, o que significava que cada quantia investida em 23 de março de 2020 provavelmente cresceria 22% (ou mais) ao ano nesse período.

Mais importante, mesmo as pessoas que esperavam um tempo de recuperação de cinco anos receberiam um retorno anual de 8% se comprassem naquele dia. Esse retorno de 8% é muito semelhante ao retorno médio de longo prazo das ações dos EUA.

É por isso que comprar durante essa crise era tão óbvio. Mesmo que o mercado demorasse meia década para se recuperar, você obteria um retorno de 8% nesse período de espera.

Essa lógica se aplica a *qualquer* crise futura do mercado. Porque, se você comprasse sempre que o mercado caísse *pelo menos* 30%, seus retornos anuais futuros geralmente seriam muito bons.

O gráfico a seguir ilustra esse aspecto. Ele mostra a distribuição de seus retornos anualizados se você comprasse durante qualquer mês em que as ações dos EUA caíram 30% (ou mais) de 1920 a 2020. Os retornos mostrados abrangem a queda inicial de 30% (ou mais) até a máxima histórica seguinte.

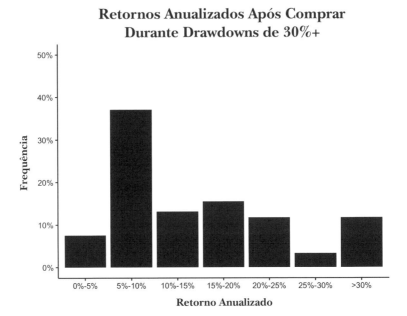

De acordo com esse gráfico, ao comprar em quedas de pelo menos 30%, a probabilidade de obter retornos anualizados de 0% a 5% (incluindo dividendos e ajuste pela inflação) seria de menos de 10%. Na verdade, mais da metade do tempo, o retorno anualizado durante a recuperação excederia 10% ao ano. Você pode comprovar esse aspecto ao somar a barra de 0% a 5% e a barra de 5% a 10%, que totalizam menos de 50%.

E não é só isso. Se considerarmos apenas os períodos em que o mercado caiu pelo menos 50% de 1920 a 2020, seus retornos futuros pareceriam ainda *mais* atraentes.

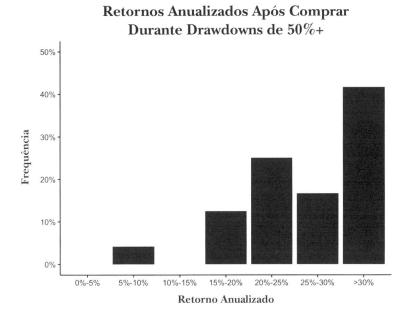

Como é possível perceber, quando os mercados de ações dos EUA são reduzidos pela metade, os retornos anuais futuros geralmente excedem 25%. Ou seja, quando o mercado cai 50%, é hora de investir ao máximo.

Claro, talvez você não tenha muito dinheiro investível para aproveitar esses raros momentos de turbulência devido à incerteza econômica mais ampla. No entanto, *se você tiver*, os dados sugerem que seria sensato aproveitar essa oportunidade de compra.

E Quanto a Mercados de Recuperação Lenta?

Neste capítulo, a análise supôs que, após uma grande crise, a recuperação dos mercados acionários ocorre dentro de alguns anos a uma década. E, embora isso seja verdade na maioria das vezes, há exceções notáveis.

Por exemplo, no final de 2020, mais de trinta anos depois, o mercado de ações japonês ainda estava abaixo das máximas de dezembro de 1989, conforme mostrado no gráfico a seguir.

CONTINUE A COMPRAR

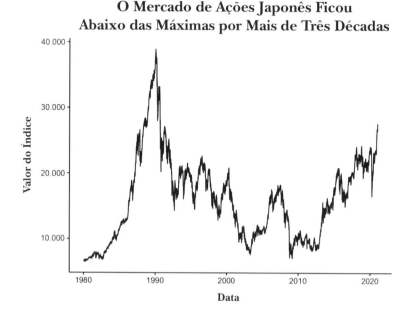

O Mercado de Ações Japonês Ficou Abaixo das Máximas por Mais de Três Décadas

Sempre que discuto a importância do investimento de longo prazo, o Japão é a principal exceção à regra.

Mas há outras também. Por exemplo, no final de 2020, as ações russas caíram 50% e as ações gregas caíram 98% em relação às máximas de 2008. Esses mercados algum dia se recuperarão? Não faço ideia.

No entanto, não devemos permitir que as exceções substituam a regra — na maior parte do tempo, a maioria dos mercados sobe.

Sim, haverá períodos ocasionais de baixo desempenho em intervalos mais longos. Afinal, mesmo as ações dos EUA tiveram sua década perdida de 2000 a 2010.

Mas qual a probabilidade de um mercado de ações perder dinheiro em um período de várias décadas?

Após analisar os retornos de mercados de ações desenvolvidos em 39 países de 1841 a 2019, pesquisadores estimaram que, em um horizonte de investimento de 30 anos, a probabilidade de perda em relação à inflação era de 12%.[94]

COMO COMPRAR DURANTE UMA CRISE

Isso significa que há aproximadamente uma chance em oito de que um investidor em um determinado mercado acionário sofra uma perda do poder de compra ao longo de três décadas. O mercado de ações japonês é um exemplo.

No entanto, por mais assustadora que pareça, essa pesquisa me dá *mais confiança* nos mercados de ações globais, não menos, pois ela implica que há uma chance de sete em oito de que um mercado acionário aumente seu poder de compra no longo prazo. Eu gosto dessa probabilidade.

Mais importante, as estimativas dos pesquisadores são baseadas em um único investimento no mercado de ações, não em compras periódicas. Por exemplo, se você investisse *todo* o seu dinheiro no pico do mercado japonês em 1989, estaria no prejuízo trinta anos depois. Mas com que frequência os investidores individuais tomam esse tipo de decisão financeira apenas uma vez? Quase nunca.

A maioria das pessoas compra ativos geradores de renda *ao longo do tempo*, não apenas uma vez. Se você fizer compras periódicas em vez de optar por um único investimento, a probabilidade de perder dinheiro ao longo de várias décadas é menor.

Por exemplo, se você investisse $1 no mercado de ações japonês em *cada dia de negociação* de 1980 até o final de 2020, seu portfólio obteria um retorno ligeiramente positivo nesses quarenta anos.

Como ilustra o gráfico a seguir, ao longo dessas quatro décadas, houve alguns períodos em que o valor do portfólio excedeu a base de custo (preço de compra original) e alguns períodos em que isso não aconteceu.

Sempre que o valor de mercado (linha preta) estiver acima da base de custo (linha cinza), há um retorno positivo sobre o dinheiro. E, sempre que o valor de mercado estiver abaixo da base de custo, há um retorno negativo sobre o dinheiro.

Como é possível perceber, até o final de 2020, o retorno total ao longo desses quarenta anos foi ligeiramente positivo. Não foi um resultado excelente, mas também não foi ruim, considerando que, mundialmente, o Japão teve um dos piores desempenhos do mercado de ações nos últimos trinta anos.

Em última análise, o exemplo do Japão ilustra que, embora seja possível perder dinheiro em alguns mercados acionários ao longo de várias décadas, as chances são menores se você investir ao longo do tempo (como a maioria dos investidores individuais).

Ainda assim, algumas pessoas usarão o Japão e outros exemplos como desculpa para manter dinheiro parado até que a poeira baixe durante a próxima crise. No entanto, quando a poeira baixa, o mercado costuma já estar em trajetória ascendente.

COMO COMPRAR DURANTE UMA CRISE

As pessoas cautelosas, com muito receio de investir, acabam ficando para trás. Vi isso acontecer em março de 2020 e acredito que verei novamente no futuro.

Porém, se você ainda tem medo de comprar durante uma crise, não o culpo. Ao longo da história, é fácil encontrar exemplos em que essa atitude seria imprudente. Mas não podemos basear nossos investimentos em exceções ou *hipóteses*. Caso contrário, nunca investiríamos.

Como Friedrich Nietzsche disse certa vez: "Ignore o passado e você perderá um olho. Viva no passado e perderá os dois."

Conhecer a história é importante, mas ficar obcecado por ela pode nos induzir ao erro. É por isso que devemos investir com base nos dados. Jeremy Siegel, famoso escritor especializado em finanças, resumiu melhor esse aspecto quando escreveu:

> "O medo tem uma influência maior sobre a ação humana
> do que o impressionante peso das evidências históricas."

Essa citação é a minha favorita sobre investimentos e a mais adequada para encerrar este capítulo. Espero que ela lhe propicie a força mental necessária para continuar comprando quando houver sangue nas ruas.

Agora que analisamos como comprar ativos mesmo nos momentos mais difíceis, abordaremos uma questão ainda mais complicada — quando vender?

18.

QUANDO VENDER?

Reequilíbrio, posições concentradas e o propósito de investir

A PESAR DA NOSSA filosofia *Continue a Comprar*, acabará chegando um momento na jornada de investimento em que você precisará vender. Infelizmente, escolher quando vender pode ser uma das decisões mais difíceis de um investidor.

Por quê?

Porque a venda nos obriga a enfrentar dois dos mais fortes vieses comportamentais no mundo dos investimentos — o medo de perder vantagem e o medo de perder dinheiro. Essa fragilidade emocional pode fazê-lo questionar todas as suas decisões de investimento.

Para evitar a agitação mental, é preciso definir um conjunto de condições nas quais você venderia *antecipadamente*, em vez de confiar em seu estado emocional ao cogitar a saída de uma posição. Assim, é possível vender seus investimentos de acordo com condições próprias, seguindo um plano predefinido.

CONTINUE A COMPRAR

Após elaborar uma lista de razões, concluí que a venda de um investimento deve ser considerada em três casos:

1. Para reequilibrar.
2. Para sair de uma posição concentrada (ou perdedora).
3. Para atender às necessidades financeiras.

Se você não deseja reequilibrar seu portfólio, sair de uma posição concentrada (ou perdedora) ou atender a uma necessidade financeira, não vejo nenhum motivo para vender um investimento.

Digo isso porque a venda pode ter consequências fiscais, algo que devemos evitar ao máximo. Mas, antes de aprofundarmos esse aspecto e as três condições listadas, vamos discutir a estratégia geral sobre *quando* vender um investimento.

Vender Imediatamente ou ao Longo do Tempo?

No Capítulo 13, analisamos por que é melhor comprar imediatamente do que ao longo do tempo. O raciocínio é simples: como, na maior parte do tempo, a maioria dos mercados sobe, esperar para comprar geralmente significa perder vantagem.

Quando se trata de *vender* um ativo, podemos seguir o mesmo raciocínio, mas chegar à conclusão oposta. Como os mercados tendem a subir com o tempo, o ideal é vender *o mais tarde possível*. Portanto, vender ao longo do tempo (ou o mais tarde possível) costuma ser melhor do que vender imediatamente.

Claro, há circunstâncias em que a venda imediata seria melhor, mas, se for viável, esperar o máximo possível para vender ou reequilibrar sua posição geralmente propicia maior rendimento.

Em outras palavras, o ideal é *comprar rápido, mas vender devagar.*

Apresento esse argumento, pois ele pode orientar todas as suas futuras decisões de timing em torno da compra e venda de investimentos.

QUANDO VENDER?

Infelizmente, mesmo com essa estrutura, o aspecto que causa mais confusão em relação ao timing é o reequilíbrio.

Como vimos, o reequilíbrio é uma das três razões aceitáveis para vender um investimento. Vamos analisá-lo.

Afinal, para que Serve o Reequilíbrio?

"Perfeitamente equilibrado, como tudo deveria ser."

Essa não é apenas uma das frases mais populares de Thanos, o principal vilão do universo cinematográfico da Marvel. Ela também abarca algumas aplicações práticas quando se trata de gerenciar o portfólio.

No Capítulo 11, discutimos em quais ativos investir, mas não abordamos como esse mix de ativos mudará ao longo do tempo. A solução para esse problema no mundo dos investimentos é o *reequilíbrio*.

Lembre-se: ao montar o portfólio pela primeira vez, ele deve estar de acordo com a alocação-alvo (o mix de ativos que, na sua opinião, atingirá as metas financeiras). Por exemplo, você pode ter uma alocação-alvo de 60% em ações dos EUA e 40% em títulos dos EUA. Ou seja, se você investisse $1.000, $600 seriam em ações e $400 seriam em títulos.

No entanto, sem o reequilíbrio, o portfólio se desviaria da alocação--alvo e seria dominado por ativos de maior retorno. Por exemplo, se fizéssemos um único investimento em um portfólio 60/40 de ações/títulos dos EUA e nunca o reequilibrássemos ao longo de trinta anos, as ações predominariam até o final do período.

Como é possível observar no primeiro gráfico, no período de 1930 a 1960, um único investimento em um portfólio 60/40 que nunca foi reequilibrado acabaria acarretando 90% de ações após trinta anos.

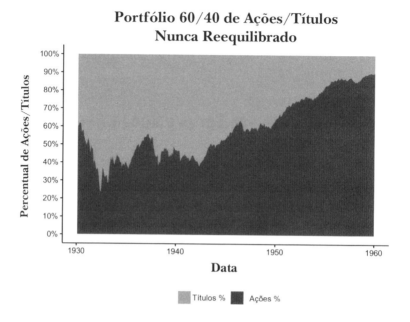

E isso não acontece apenas na década de 1930. Se estendermos a análise para cada período de trinta anos de 1926 a 2020, veremos resultados semelhantes.

O gráfico a seguir mostra o percentual final de ações em um portfólio 60/40 de ações/títulos dos EUA após trinta anos, considerando duas estratégias diferentes — uma de reequilíbrio anual e outra de reequilíbrio nulo.

QUANDO VENDER?

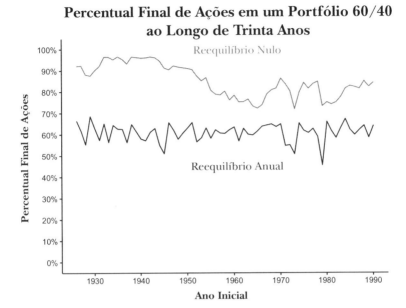

Como é possível perceber, a estratégia de Reequilíbrio Anual tende a acarretar um portfólio com cerca de 60% de ações no final do período de 30 anos. Faz sentido, pois essa estratégia reequilibra as ações para 60% a cada ano.

Por outro lado, a estratégia de Reequilíbrio Nulo tende a acarretar um portfólio com 75% a 95% de ações após 30 anos. Isso ocorre porque as ações dos EUA tendem a superar os títulos dos EUA ao longo de períodos maiores. Como resultado, elas dominam o portfólio.

A partir desse simples fato, podemos inferir que o portfólio com reequilíbrio nulo costuma superar o com reequilíbrio anual. Por quê? Porque, quase todas as vezes que você reequilibra, acaba vendendo um ativo de maior crescimento (ações) para comprar um ativo de menor crescimento (títulos). Inerentemente, esse processo prejudica o retorno total ao longo do tempo.

Para evidenciar esse aspecto, o gráfico a seguir mostra o crescimento de um investimento de $100 com a estratégia de Reequilíbrio Anual versus a estratégia de Reequilíbrio Nulo ao longo de 30 anos.

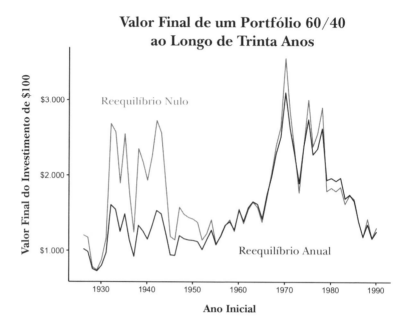

Esse gráfico ilustra que, na maioria das vezes, o reequilíbrio entre um ativo de maior crescimento e um ativo de menor crescimento no portfólio tende a reduzir o desempenho geral. A principal exceção ocorreu de 1980 a 2010, quando, nos EUA, os títulos tiveram bom desempenho e as ações foram prejudicadas na década final (2000–2010).

Considerando que o reequilíbrio geralmente não melhora os retornos, por que as pessoas ainda o fazem?

Para reduzir o risco.

O reequilíbrio consiste no controle do risco. Se o portfólio-alvo for um 60/40 de ações/títulos dos EUA, sem reequilíbrio, você pode acabar com um portfólio 75/25 ou mesmo com um 95/5 em poucas décadas. Como resultado, o portfólio assumirá muito mais riscos do que o planejado.

Para compreender melhor, basta considerar o drawdown máximo de cada uma dessas estratégias ao longo de trinta anos. Lembre-se: o drawdown máximo é o ponto mais baixo do portfólio em um determinado período. Portanto, se um investimento inicial de $100 caísse para $30 no pior momento, o drawdown máximo seria de 70%.

Como ilustra o gráfico a seguir, ao longo da maioria dos períodos, o reequilíbrio nulo acarreta drawdowns muito maiores do que o reequilíbrio anual.

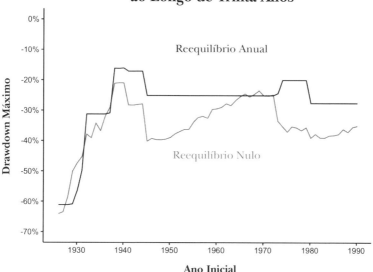

Por exemplo, se você investisse $100 em um portfólio 60/40 de ações/títulos dos EUA em 1960 e nunca o reequilibrasse ao longo de 30 anos, em seu pior momento, ele cairia cerca de 30% em relação ao valor mais alto. Seria o drawdown máximo nesse período de trinta anos, representado no gráfico anterior pelo ponto de interseção entre a linha cinza e o eixo de 1960.

Mas, se você reequilibrasse o portfólio anualmente para sua alocação-alvo, a maior queda seria de 25%, representada no gráfico anterior pelo ponto de interseção entre a linha preta e o eixo de 1960.

A partir desse gráfico, é possível perceber que, na maioria das vezes, o reequilíbrio reduz o risco ao realocar dinheiro dos ativos de maior volatilidade (ações) para os ativos de menor volatilidade (títulos). Porém, durante quedas prolongadas nas ações (por exemplo, início dos anos 1930 e década de 1970), ele pode fazer o oposto. Nesses casos, o reequilíbrio

CONTINUE A COMPRAR

aumenta a volatilidade ao vender títulos para comprar ações que continuam a cair.

Embora sejam raras, essas circunstâncias demonstram que o reequilíbrio periódico é uma solução imperfeita para o gerenciamento de riscos. Ainda assim, recomendo que a maioria dos investidores individuais reequilibre de acordo com um cronograma. A parte difícil, porém, é descobrir o cronograma *ideal*.

Com que Frequência Se Deve Reequilibrar?

Eu adoraria ter uma resposta definitiva para essa pergunta, mas a verdade é que… ninguém sabe. Analisei períodos de reequilíbrio que variavam de uma vez por mês a uma vez por ano, mas não consegui encontrar a melhor opção. Infelizmente, nenhuma frequência de reequilíbrio superou consistentemente as outras.

Pesquisadores da Vanguard chegaram a uma conclusão semelhante após analisar a frequência de reequilíbrio ideal para um portfólio 50/50 de ações/títulos globais. Em seu artigo, eles afirmam: "Os retornos ajustados ao risco não são significativamente diferentes, quer o reequilíbrio do portfólio seja mensal, trimestral ou anual; entretanto, o número de eventos de reequilíbrio e os custos resultantes aumentam significativamente."[95]

E, embora essa análise tenha focado o reequilíbrio entre ativos com características de risco *diferentes* (por exemplo, ações e títulos), a mesma lógica se aplica ao reequilíbrio entre ativos com características de risco *semelhantes*. Por exemplo, após examinar as frequências de reequilíbrio entre pares de ações globais, William Bernstein, famoso escritor especializado em finanças, concluiu que "nenhum período de reequilíbrio se destaca".[96]

Todas essas análises ilustram o mesmo aspecto — o importante não é quando se reequilibra, mas, sim, que se reequilibre periodicamente. Como resultado, recomendo um reequilíbrio *anual* com base em dois argumentos:

1. Demanda menos tempo.
2. Coincide com o pagamento anual de impostos.

Ambos são importantes por diferentes motivos.

Primeiro, ao gastar menos tempo para monitorar os investimentos a cada ano, você tem mais tempo para fazer as coisas de que gosta. É por isso que não sou fã do rebalanceamento por faixas de tolerância — quando se reequilibra o portfólio após a alocação ficar muito distante da alocação-alvo.

Por exemplo, se o portfólio tiver 60% de ações com uma faixa de tolerância de 10%, deve-se reequilibrá-lo para 60% sempre que a alocação de ações estiver acima de 70% ou abaixo de 50%. Esse método funciona bem, mas requer mais monitoramento do que um reequilíbrio periódico.

Segundo, o reequilíbrio anual é adequado, pois você pode fazê-lo ao tomar outras decisões financeiras relacionadas a impostos. Por exemplo, na venda de um investimento que abarca impostos sobre ganhos de capital, um reequilíbrio simultâneo do portfólio geral pode ser útil para poupar esforços.

Independentemente da sua decisão quanto à frequência de reequilíbrio, é essencial evitar impostos desnecessários. É por isso que não recomendo reequilibrar com frequência as contas tributáveis (ou seja, contas de corretagem). Afinal, sempre que o fizer, haverá tributação.

Mas e se pudéssemos reequilibrar sem pagar impostos? Existe uma forma melhor do que vender?

Uma Forma Melhor de Reequilibrar

Embora vender um ativo não seja a pior coisa do mundo, existe uma forma de reequilibrar o portfólio sem consequências fiscais — continuar comprando. Isso mesmo. Você pode comprar até atingir um portfólio reequilibrado. Chamo essa estratégia de *reequilíbrio por acúmulo*, pois você reequilibra ao comprar mais dos ativos de menor quantidade no portfólio ao longo do tempo.

CONTINUE A COMPRAR

Por exemplo, imagine que seu portfólio tem 70% de ações e 30% de títulos, mas você quer 60% de ações e 40% de títulos. Em vez de vender 10% das ações e comprar 10% a mais de títulos, você continua comprando títulos até que a alocação atinja 60/40.

Infelizmente, esse método só funciona para as pessoas que ainda estão na fase de acúmulo da jornada de investimento. Afinal, quando não se tem mais recursos para acumular, é preciso vender para reequilibrar.

Gosto da estratégia de reequilíbrio por acúmulo, pois ela reduz o impacto no portfólio durante as crises de mercado. Ao adicionar dinheiro ao longo do tempo, você compensa constantemente as perdas que se desenvolvem no portfólio. Por exemplo, voltando às nossas simulações de um portfólio 60/40, se você adicionasse dinheiro de forma consistente ao longo de trinta anos, o drawdown máximo seria bem mais baixo na maioria dos períodos em comparação a não adicionar dinheiro.

Como ilustra o gráfico a seguir, em algumas situações, o reequilíbrio ao adicionar fundos mensalmente pode reduzir o drawdown máximo em até metade. Mais uma vez, o gráfico mostra a maior queda no portfólio ao longo de trinta anos. Porém, nesse caso, ele compara um portfólio com adição nula de fundos a um portfólio com adição mensal de fundos por trinta anos usando uma estratégia de reequilíbrio por acúmulo.

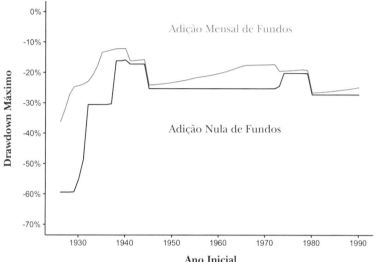

Em ambas as simulações, o reequilibro é anual, mas, ao adicionar fundos ao longo do tempo, há uma queda menor do portfólio em termos percentuais.

A única dificuldade da estratégia de reequilíbrio por acúmulo é que ela se torna mais complicada de ser executada à medida que o portfólio aumenta. Embora seja fácil adicionar dinheiro para reequilibrar um portfólio pequeno, conforme ele cresce, você talvez não tenha dinheiro suficiente para acompanhar. Nesses casos, vender investimentos da conta tributável pode ser razoável do ponto de vista do risco. Apenas tente não fazer isso com muita frequência.

Agora que discutimos por que a venda pode ser necessária quando se trata de reequilíbrio, aprenderemos como vender para sair de uma posição concentrada (ou perdedora).

CONTINUE A COMPRAR

Saindo de uma Posição Concentrada (ou Perdedora)

Como discuti no Capítulo 12, não sou um grande fã de posições concentradas em ativos individuais. Mas às vezes a vida não nos dá escolha. Por exemplo, se você trabalha em (ou funda) uma empresa que oferece remuneração com base em ações, pode acabar descobrindo que uma parcela significativa de sua riqueza está em um único ativo.

Nesse caso, parabéns pelos ganhos! No entanto, você provavelmente desejará vender pelo menos *uma parte* dessa posição ao longo do tempo. Quanto vender? Depende dos seus objetivos.

Por exemplo, se você tem um financiamento imobiliário e uma grande posição concentrada em um ativo, pode ser sensato vender o suficiente desse ativo para pagar o financiamento. Do ponto de vista do retorno, não é o ideal, já que seu ativo concentrado provavelmente aumentará de valor mais rápido do que seu imóvel.

Porém, do ponto de vista do risco, faz muito sentido. Afinal, enquanto os retornos futuros da posição concentrada são apenas uma possibilidade, os pagamentos futuros do financiamento imobiliário são uma certeza. Às vezes, é melhor trocar o incerto pelo certo.

Como exatamente fazer isso?

Encontrando uma metodologia de venda e mantendo-se fiel a ela. Seja vendendo parcelas de 10% todos os meses (ou todos os trimestres), seja vendendo metade e deixando o restante investido, seja vendendo a maior parte imediatamente, é preciso encontrar algo que lhe possibilite dormir à noite. Você também pode vender com base em níveis de preço (upside e downside), desde que sejam determinados *antecipadamente*. Usar um conjunto de regras predeterminadas permitirá que você exclua as emoções do processo de venda.

Independentemente da sua decisão, não venda tudo de uma vez. Por quê? Por causa das consequências fiscais e da possibilidade de arrependimento caso o preço dispare. Se você vender tudo imediatamente e o preço aumentar 10x, se sentirá muito pior do que se vender 95% e os outros 5% chegarem a $0. Você deve adotar essa estrutura de minimização de arrependimento ao decidir quanto vender.

QUANDO VENDER?

No entanto, preciso lembrá-lo de que sua posição concentrada *provavelmente* terá um desempenho inferior ao do mercado de ações em geral. Se analisarmos o universo de ações individuais nos EUA desde 1963, a mediana do retorno anual é de 6,6%, incluindo dividendos. Isso significa que, se você escolhesse aleatoriamente uma ação individual em qualquer momento desde 1963, obteria um retorno de cerca de 6,6% no ano seguinte. Porém, se fizesse o mesmo com o S&P 500, obteria um retorno de 9,9%.

Isso ilustra o verdadeiro risco de manter uma posição concentrada — o desempenho inferior. Algumas pessoas podem não se importar, mas, para outras, faz diferença. Descubra qual nível de risco você está disposto a aceitar nas posições concentradas e, em seguida, venda de acordo.

Além de vender uma posição concentrada, talvez seja preciso vender uma posição perdedora em algum momento da jornada de investimento. Seja pela mudança de opinião quanto a uma classe de ativos, seja pela queda contínua das posições concentradas, às vezes é necessário sair.

Passei por isso após fazer algumas análises sobre o ouro, o que me fez perceber que eu não deveria possuí-lo como um investimento de longo prazo. Como minha opinião sobre essa classe de ativos mudou com base na análise fundamentalista (e não nas emoções), decidi vender a posição mesmo com o aumento de valor. Embora essa posição ainda não fosse perdedora em termos monetários, eu achava que acabaria sendo, então vendi.

Como as posições perdedoras tendem a ser raras, sobretudo em períodos mais longos, esse tipo de decisão não é comum. E não devemos confundir um período de desempenho inferior com uma posição perdedora. Toda classe de ativos passa por períodos de desempenho inferior, então não use esses períodos como desculpa para vender.

Por exemplo, de 2010 a 2019, as ações dos EUA obtiveram um retorno total de 257%, em comparação com apenas 41% das ações de mercados emergentes. No entanto, de 2000 a 2009, aconteceu o oposto — as ações de mercados emergentes valorizaram 84%, enquanto as ações dos EUA subiram menos de 3%! A verdade é que o desempenho inferior é inevitável, ou seja, não é um bom motivo para vender.

Agora que discutimos a venda para sair de uma posição concentrada (ou perdedora), abordaremos outra razão pela qual você pode precisar vender um investimento.

O Propósito de Investir

A última razão pela qual você deve considerar a venda de um investimento é a mais óbvia — ter a vida que se deseja. Seja para bancar seu estilo de vida na aposentadoria ou obter dinheiro para uma grande compra, vender ativos é uma forma de alcançar metas. Afinal, de que adianta investir se você não puder aproveitar os resultados?

Isso é especialmente verdadeiro para quem tem a maioria de sua riqueza em uma grande posição concentrada. Essa pessoa já ganhou o jogo, mas não quer parar de jogar. Por que correr esse risco? Por que não resguardar certa quantia, diversificar a riqueza e definir um padrão de vida estável?

É possível estabelecer uma rede de segurança para você e seus entes queridos, custear a educação de seus filhos e pagar o financiamento imobiliário. Se quiser, você pode até comprar o carro dos seus sonhos. Não me importo com o que você faz com seu dinheiro, apenas aproveite-o com sabedoria.

Tenha a vida que deseja, mas não arrisque a vida de que precisa.

Eu só recomendo essa abordagem, pois a psicologia humana sugere que é o mais sábio a se fazer. Como discutido no Capítulo 3, cada unidade adicional de consumo traz menos benefícios do que a unidade anterior. O mesmo vale para a riqueza.

É por isso que passar de \$0 para \$1 milhão propicia uma felicidade muito maior do que passar de \$1 milhão para \$2 milhões. Embora ambas as mudanças na riqueza sejam iguais em termos absolutos, passar de \$0 para \$1 milhão envolve uma mudança muito mais significativa em termos relativos. Essa relação decrescente entre riqueza e felicidade deve convencê-lo de que, às vezes, não há problema em vender.

Agora que analisamos quando vender os ativos, discutiremos *onde* aplicar os ativos.

19.

ONDE APLICAR?

Impostos, Roth vs. tradicional e por que não maximizar o 401(k)

"**E**spera aí... cadê o restante?", indaguei em choque. Em minhas mãos, estava o primeiro salário que recebi. Enquanto olhava fixamente para ele, tinha certeza de que havia um erro. Minha mãe, que estava por perto, me ouviu e começou a rir.

Mas não era sua risada habitual. Não, era uma risada carregada de sabedoria. Ela já sabia de algo que eu estava prestes a descobrir.

"Impostos, querido. Impostos", disse ela com um sorriso.

Suponho que você teve uma experiência semelhante ao receber seu primeiro salário. O momento de confusão seguido de decepção. "Espera aí... cadê o restante?" é uma reação universal.

Até agora, ignoramos como os impostos podem afetar as decisões de investimento, mas este capítulo mudará isso. Nas páginas a seguir, analisaremos algumas das mais importantes perguntas de investimento relacionadas a impostos, incluindo:

- Devo contribuir para uma conta de aposentadoria Roth (pós--impostos) ou tradicional (pré-impostos)?

CONTINUE A COMPRAR

- Devo maximizar o 401(k)?

- Como devo organizar os ativos?

Essas perguntas fornecerão orientações gerais sobre *onde* alocar seu dinheiro. Embora este capítulo aborde os tipos de conta encontrados nos EUA — 401(k), conta de aposentadoria individual (IRA) etc. —, os *princípios* discutidos se aplicam a qualquer lugar onde investimentos e tributação se cruzem.

A Natureza Mutável dos Impostos

Benjamin Franklin afirmou certa vez: "Há apenas duas certezas na vida — a morte e os impostos." Infelizmente, essa frase popular de Franklin é menos verdadeira do que parece. Basta estudar a história do imposto de renda nos EUA para entender o porquê.

Embora a versão moderna do imposto de renda nos EUA tenha começado no início dos anos 1900, ele tem uma história muito mais complicada. O primeiro imposto de renda proposto nos EUA ocorreu durante a Guerra de 1812, mas nunca foi instituído.

A aparição seguinte do imposto de renda foi na Lei de Receitas de 1862 como uma medida emergencial durante a Guerra Civil. Ele acabou sendo instituído, mas foi abolido alguns anos após a guerra, em 1872.

Mais de duas décadas depois, com a Lei de Receitas de 1894, o Congresso instituiu um imposto de renda em tempos de paz. Infelizmente para o Congresso, o imposto foi declarado inconstitucional pela Suprema Corte um ano depois, no caso *Pollock v. Farmers' Loan & Trust Co.*

Apesar desses contratempos, o apoio popular ao imposto de renda continuou. E, em 1909, a 16ª Emenda foi aprovada. Quando a ratificação ocorreu em 1913, o Congresso tinha oficialmente o poder de "estabelecer e cobrar impostos sobre a renda, proveniente de qualquer fonte".

Antes da 16ª Emenda, o Congresso só podia receber receitas legalmente por meio de tarifas e impostos específicos sobre determinados itens, como álcool ou tabaco. No entanto, com a 16ª Emenda, era possível tributar as rendas individuais. Foi assim que surgiu a versão moderna do imposto de renda nos EUA.

Porém, ainda não era nada parecido com o imposto de renda que conhecemos hoje. Além das alíquotas serem mais baixas (apenas 1% em 1913), o limite de isenção era tão alto que apenas 2% das famílias norte-americanas pagavam imposto de renda.[97] Como é possível perceber, percorreu-se um longo caminho desde então.

Conto a história do imposto de renda norte-americano para ilustrar a *natureza mutável* da política tributária dos EUA. Infelizmente, essa constante evolução dificulta a abordagem do assunto. À medida que as leis mudam, as decisões ideais em torno delas mudam também.

É por isso que recomendo a ajuda profissional de um consultor fiscal. Por quê? Porque, quando se trata de impostos, as circunstâncias individuais são muito importantes. Idade, estrutura familiar, local de residência etc. impactarão a forma como você toma decisões fiscais relacionadas a investimentos. Infelizmente, não existe uma solução única para todos os tipos de impostos.

Mesmo assim, a discussão a seguir fornecerá uma estrutura útil para refletir sobre o assunto.

Para começar, abordaremos a pergunta: devo contribuir para uma conta de aposentadoria Roth ou tradicional?

Optar ou Não pelo Roth?

Optar por um 401(k) ou um Roth 401(k) por meio do empregador é uma das dúvidas mais frequentes em finanças pessoais. Como lembrete, as contribuições para um 401(k) — também chamado de 401(k) *tradicional* — são feitas pré-impostos, enquanto as de um Roth 401(k) são feitas pós-impostos. A única diferença entre esses tipos de conta é o *momento* de pagamento dos impostos.

Para explicar, apresentarei exemplos simples de cada um desses tipos de conta. Antes, porém, devo mencionar que, embora eu esteja discutindo o tradicional vs. o Roth 401(k), a mesma lógica costuma ser aplicada ao 403(b) e à IRA.

CONTINUE A COMPRAR

Vamos começar.

- **401(k) tradicional:** Kate ganha US$100 e usa esse valor como contribuição direta para o 401(k) tradicional sem pagar imposto de renda. Vamos supor que, nos próximos 30 anos, os US$100 cresçam 3x, chegando a US$300. Na aposentadoria, Kate retira os US$300, mas precisa pagar 30% em imposto de renda. A quantia final (pós-impostos) que ela pode gastar na aposentadoria é US$210 (ou 70% de US$300).

- **Roth 401(k):** Kevin ganha US$100 e paga uma alíquota de 30% sobre esse valor, ficando com US$70 pós-impostos. Ele contribui com os US$70 diretamente para o Roth 401(k), que, nos próximos 30 anos, cresce 3x, chegando a US$210. Na aposentadoria, Kevin pode gastar os US$210 sem ter que pagar imposto de renda adicional.

Kate e Kevin obtiveram US$210 para gastar na aposentadoria, pois fizeram as mesmas contribuições, tiveram o mesmo crescimento de investimento e pagaram as mesmas alíquotas efetivas ao longo do tempo. Matematicamente, faz sentido porque, na multiplicação, a ordem dos fatores não altera o produto.

$$3 \times 2 \times 1 = 1 \times 2 \times 3$$

Ou no caso de Kate e Kevin:

$$(100 \times 3) \times 70\% = (100 \times 70\%) \times 3$$

A única diferença foi o momento de pagamento dos impostos, sendo que Kate pagou-os no final; e Kevin, no início. É por isso que decidir entre o 401(k) tradicional e o Roth 401(k) é irrelevante se a alíquota *efetiva* for a mesma nos anos de trabalho e na aposentadoria.

Observe que digo alíquota efetiva para simplificar, pois, no mundo real, são as alíquotas marginais que importam. Por exemplo, se Kate tivesse renda tributável superior a US$9.875 em 2020, a alíquota seria de apenas 10% para os primeiros US$9.875 e aumentaria para mais de 10%

a cada dólar adicional. Pelo restante deste capítulo, qualquer menção a uma alíquota refere-se à efetiva (a taxa média de imposto sobre todas as rendas), a menos que eu especifique o contrário.

Para reiterar, não fará diferença escolher um tradicional ou um Roth se a alíquota *efetiva* for a mesma ao longo do tempo. No entanto, para quem espera certa variação na alíquota, podemos simplificar a decisão.

Simplificando a Decisão Tradicional vs. Roth

Já que o *timing* dos impostos é o mais importante para decidir entre um 401(k) tradicional e um Roth 401(k), a dúvida pode ser resolvida ao responder a uma única pergunta:

A alíquota efetiva será maior agora (nos anos de trabalho) ou mais tarde (na aposentadoria)?

Considerando que todo o restante permaneça igual, se o imposto de renda for mais alto agora, então é melhor contribuir para um 401(k) tradicional, caso contrário, é melhor contribuir para um Roth 401(k).

Sim, a resposta é simples, mas não é fácil. É simples, pois o objetivo ao fazer contribuições para a aposentadoria é evitar impostos quando a alíquota for mais alta. Porém, não é uma pergunta fácil de responder, pois é preciso considerar possíveis mudanças no imposto de renda ao longo do tempo.

Refletindo sobre Alíquotas Futuras

Como as alíquotas futuras são importantes para escolher entre um 401(k) tradicional e um Roth 401(k), pode surgir a pergunta: "Então, Nick, quais serão as alíquotas futuras?"

Infelizmente, não sei!

Mas ninguém sabe. É possível considerar tendências históricas para tentar prever se as alíquotas serão maiores ou menores nas próximas décadas, mas isso é mais difícil do que parece.

CONTINUE A COMPRAR

Por exemplo, em 2012, tive a impressão de que as alíquotas nos EUA provavelmente aumentariam no futuro para ficar um pouco mais próximas das suas homólogas europeias. Mas então, para minha surpresa, a Lei de Empregos e Corte de Impostos de 2017 instituiu alíquotas *menores*. Prever o futuro é difícil.

Embora eu não espere que alguém preveja o futuro das alíquotas nos EUA, acho que dedicar um tempo para refletir sobre a situação de aposentadoria pode ajudar a esclarecer a decisão tradicional vs. Roth.

Por exemplo, suponhamos que a alíquota efetiva aumente de 20% nos anos de trabalho para 23% na aposentadoria. Considerando que todo o restante permaneça igual, o Roth 401(k) seria a melhor opção, pois a alíquota atual seria mais baixa (20%) do que na aposentadoria (23%).

Mas e se todo o restante não permanecer igual? E se a pessoa trabalhar em um estado com alto imposto de renda atual (por exemplo, Califórnia) e se aposentar em um estado com baixo imposto de renda futuro (por exemplo, Flórida)? Nesse caso, seria preferível um 401(k) tradicional, pois as economias esperadas no imposto de renda atual provavelmente excederiam o aumento esperado no imposto de renda futuro.

No entanto, isso varia de estado para estado. Por exemplo, os residentes do estado de Nova York com pelo menos 59,5 anos têm direito a uma dedução no imposto de renda estadual de até US$20 mil se esse dinheiro vier de um plano de aposentadoria qualificado e atender a alguns outros critérios. Entendo que essa questão pode complicar o cálculo em torno das contribuições para a aposentadoria, mas vale a pena ressaltar.

Embora seja impossível prever as alíquotas futuras, é possível estimar quanta renda é necessária na aposentadoria e onde se planeja obter essa aposentadoria. Essas duas informações podem ser muito úteis para decidir entre um 401(k) tradicional e um Roth 401(k).

Quando um 401(k) Tradicional É Melhor?

Embora haja alguns cenários em que um Roth 401(k) seja mais aconselhável do que um 401(k) tradicional, eu geralmente prefiro o 401(k) tradicional. Por quê? Porque ele tem algo que o Roth não tem — opcionalidade.

ONDE APLICAR?

Com um 401(k) tradicional, há muito mais controle sobre *quando* e *onde* pagar os impostos. Se combinarmos esse controle com a capacidade de converter um 401(k) tradicional em um Roth IRA, teremos algumas estratégias fiscais interessantes à disposição.

Por exemplo, se alguém tiver um ano de baixa (ou nenhuma) renda, pode aproveitar essa situação para converter o 401(k) tradicional em um Roth IRA com uma alíquota menor.

Tenho amigos que usaram essa estratégia enquanto estavam na faculdade de negócios, pois ganhariam muito pouco temporariamente. Os impostos da conversão eram bem mais baixos do que os das contribuições para um Roth 401(k) nos anos de trabalho.

Mas não é preciso cursar uma faculdade de negócios para usar essa estratégia. Qualquer período prolongado de baixa renda (um ano de afastamento para cuidar dos filhos, um ano sabático etc.) pode propiciar uma maior eficiência tributária.

Isso implica que o saldo do 401(k) não pode ser superior a um ano de renda. Do contrário, a pessoa pagará as mesmas (ou maiores) alíquotas ao converter. É preciso considerar esse detalhe antes de converter um 401(k) tradicional em um Roth IRA.

Além das decisões de timing, é possível mudar o local de aposentadoria para evitar imposto de renda mais alto. Por essa razão, provavelmente não faz sentido contribuir para um Roth 401(k) em uma área de alta tributação como a cidade de Nova York, a menos que a pessoa saiba que se aposentará em uma região com impostos igualmente elevados.

Por fim, embora tenhamos considerado alíquotas efetivas ao longo deste capítulo, as alíquotas marginais são o que realmente importa. Por exemplo, ao fazer os resgates do 401(k) tradicional na aposentadoria (como pessoa solteira), paga-se apenas 10% sobre os primeiros US$9.875, 12% sobre a faixa entre US$9.876 e US$40.125 e assim por diante. Isso significa que, se a pessoa planeja fazer resgates *menores do que a renda atual* na aposentadoria, um 401(k) tradicional é a melhor opção.

Por exemplo, se a pessoa ganha US$200 mil nos anos de trabalho, mas planeja resgatar apenas US$30 mil por ano na aposentadoria, o 401(k) tradicional permite evitar a alíquota marginal mais alta nos anos de tra-

227

CONTINUE A COMPRAR

balho e, então, pagar a alíquota marginal mais baixa na aposentadoria. Considerando as alíquotas de 2020 para contribuintes solteiros, isso significaria evitar uma alíquota marginal de 32% e pagar uma alíquota marginal de apenas 12%.

Embora eu não saiba qual dessas estratégias fiscais será mais útil para cada pessoa no futuro, sei que nenhuma delas está disponível em um Roth 401(k). A maior flexibilidade associada ao 401(k) tradicional é o que faz dele minha escolha quando se trata de planos de aposentadoria patrocinados pelo empregador.

Quando um Roth É Melhor?

Apesar da falta de opcionalidade em um Roth 401(k), há alguns casos especiais em que um Roth pode ser a melhor opção. Um desses casos envolve altos poupadores.

Por quê? Porque maximizar um Roth 401(k) propicia mais dólares totais em uma conta livre de impostos do que maximizar um 401(k) tradicional. Um pouco de matemática demonstrará esse aspecto.

Imagine que Sally e Sam maximizaram o 401(k) em 2020, cada um contribuindo com US$19.500. Enquanto Sally contribuiu com US$19.500 para um Roth 401(k), Sam contribuiu com US$19.500 para um 401(k) tradicional. Suponhamos que, após 30 anos, ambas as contas triplicaram de valor, chegando a US$58.500. Infelizmente, Sam precisou pagar imposto de renda. Presumindo 30% em impostos, sobrou apenas US$40.950 para gastar na aposentadoria.

Por que Sally obteve mais dinheiro na aposentadoria do que Sam? Para começar, ela colocou mais dólares totais em sua conta livre de impostos. Para que Sam obtivesse US$58.500 após impostos na aposentadoria com um 401(k) tradicional, ele teria que contribuir com US$27.857. No entanto, como o valor máximo de contribuição anual para um 401(k) tradicional foi de US$19.500 em 2020, Sam não teve sorte.

Este exemplo simples demonstra que o Roth 401(k) é provavelmente a melhor opção para altos poupadores, pois há mais diferimento de impostos.

Além disso, como já mencionado, um Roth é mais vantajoso se houver certa convicção de que a alíquota na aposentadoria excederá a alíquota nos anos de trabalho. Se for o caso, é melhor optar por um Roth e pagar os impostos agora, enquanto eles são relativamente menores.

Por que Não os Dois?

Até agora, apresentei o 401(k) tradicional e o Roth 401(k) como se fossem rivais em uma antiga disputa. Mas não são. Nada impede de recorrer a *ambos* os tipos de conta na aposentadoria.

Na verdade, no caso de uma pessoa que contribui para um Roth 401(k) e o empregador faz contribuições adicionais, a conta abarcará automaticamente um 401(k) tradicional, então ela terá que se acostumar com ambos. Mas isso não é algo ruim. Usar ambos os tipos de conta propicia ainda mais opcionalidade do que usar apenas um deles.

Por exemplo, conversei com alguns especialistas em aposentadoria que recomendam utilizar um Roth 401(k) no início da carreira, quando os ganhos podem ser menores, e depois mudar para um 401(k) tradicional, à medida que os ganhos aumentam.

É uma ótima estratégia, pois evita as faixas de imposto mais altas nos anos de maior renda e propicia flexibilidade adicional aos resgates na aposentadoria. E, como já mencionado, visto que o tratamento fiscal dos resgates na aposentadoria varia de acordo com o estado, uma estratégia dupla pode ser a melhor solução para lidar efetivamente com um cenário tão complexo.

Agora que discutimos os custos e as vantagens de um tradicional versus um Roth, quantificaremos o benefício fiscal desses tipos de conta.

Quantificando o Benefício de uma Conta de Aposentadoria

Quando se trata de impostos e investimentos, há duas camadas de tributação com as quais é preciso se preocupar. A primeira é o imposto de *renda*, que acabamos de discutir, e a segunda é o imposto sobre *ganhos de capital*. A possibilidade de evitar o imposto sobre ganhos de capital é o que torna as contas de aposentadoria tão atraentes.

Por exemplo, se uma pessoa investisse US$100 em um fundo de índice S&P 500 e vendesse esse investimento dois anos depois por US$120, precisaria pagar imposto sobre os ganhos de US$20. No entanto, em uma conta de aposentadoria (por exemplo, 401(k), IRA etc.), não haveria imposto sobre esses ganhos, supondo que a pessoa estivesse na idade de aposentadoria.

Qual é o benefício obtido em uma conta de aposentadoria ao evitar o imposto sobre ganhos de capital? Vamos descobrir.

Para tanto, podemos simular um investimento único de US$10 mil em três tipos de contas diferentes:

1. **Tributação Nula:** conta não tributável (por exemplo, Roth 401(k), Roth IRA etc.), na qual todo o imposto de renda relevante já foi pago.

2. **Tributação Única:** conta tributável (por exemplo, de corretagem), na qual o imposto sobre ganhos de capital é pago apenas na liquidação da conta. Suponha que não haja dividendos a serem pagos e que todos os ganhos realizados ocorram no final.

3. **Tributação Anual:** conta tributável (por exemplo, de corretagem), na qual o imposto sobre ganhos de capital é pago todos os anos. Imagine que todo o portfólio é vendido e recomprado uma vez por ano, gerando ganhos realizados sujeitos ao pagamento de imposto sobre ganhos de capital de longo prazo.

Todas as contas terão uma taxa de crescimento anual de 7% (ao longo de 30 anos) e as contas tributáveis pagarão 15% de imposto sobre ganhos de capital de longo prazo (vigente em 2020), quando aplicável. Além disso, estou considerando um Roth 401(k)/IRA, pois quero comparar apenas o efeito da tributação que ocorre *após* o pagamento do imposto de renda.

Excluí a primeira camada de tributação (imposto de renda) dessa simulação para me concentrar explicitamente na segunda (imposto sobre ganhos de capital). O objetivo desse exercício é quantificar o benefício de longo prazo de evitar o imposto sobre ganhos de capital (Tributação Nula vs. Tributação Única) e o benefício de não comprar/vender anualmente (Tributação Única vs. Tributação Anual).

Se traçássemos o crescimento de US$10 mil nas contas de Tributação Nula e Tributação Única ao longo de 30 anos, após o pagamento de todo o imposto sobre ganhos de capital aplicável, o resultado seria:

Crescimento de $10 Mil por Tipo de Conta

Após 30 anos, a conta de Tributação Nula obtém US$76 mil, enquanto a conta de Tributação Única obtém US$66 mil. Em termos percentuais, o desempenho da Tributação Nula é 15% superior ao da Tributação Única no total, ou 0,50% ao ano ao longo de 30 anos.

Em outras palavras, o benefício de evitar o imposto sobre ganhos de capital usando uma conta de aposentadoria não tributável, como um 401(k), é de cerca de 0,50% ao ano (supondo uma taxa de crescimento de 7% e uma alíquota de imposto sobre ganhos de capital de longo prazo de 15%). Considerando que todo o restante permaneça igual, um 401(k)

CONTINUE A COMPRAR

propicia cerca de 0,5% a mais em retorno após impostos do que uma conta de corretagem bem gerenciada.

Mas essa comparação pressupõe que é possível comprar e manter em uma conta de corretagem tributável por trinta anos. Se esse nível de disciplina for inexistente, porém, o cálculo muda de forma significativa. Por exemplo, se uma pessoa entrasse/saísse de suas posições anualmente e pagasse o imposto sobre ganhos de capital de longo prazo durante o processo (ou seja, a estratégia de "Tributação Anual"), ela perderia um adicional de 0,55% em retorno anual para a tributação.

Voltando à nossa simulação, um investimento de US$10 mil só cresce para US$57 mil com a estratégia de Tributação Anual, em vez de US$66 mil com a estratégia de Tributação Única. Negociar com muita frequência resulta em uma perda total de 17%, ou cerca de 0,55% ao ano.

Quando combinamos esses 0,55% com a perda de 0,50% proveniente do uso de uma conta tributável em vez de uma conta não tributável, o resultado é mais de 1% ao ano perdido para o imposto sobre ganhos de capital. Cerca de metade dessa perda vem do uso de uma conta de corretagem (em vez de uma conta de aposentadoria) e a outra metade vem da compra/venda frequente nessa conta tributável.

Por que a estratégia de Tributação Anual é tão desastrosa para os retornos de investimento? Porque comprar/vender com frequência na conta tributável impede a composição de ganhos. Matematicamente, quando os ganhos anualizados ocorrem à taxa de 15%, só se obtém 85% do retorno esperado [1 - 0,15 = 0,85]. Isso equivale a aumentar a riqueza em 5,95% ao ano, e não em 7% ao ano, devido ao impacto fiscal anual [0,85 × 7% = 5,95%].

Para as pessoas que se sentem muito tentadas a sair/entrar de suas posições a cada ano, colocar esse dinheiro em um 401(k) pode aumentar os retornos após impostos em mais de 1% ao ano, algo significativo em longos períodos.

No entanto, para as pessoas mais disciplinadas, colocar o máximo de dinheiro possível em uma conta de aposentadoria pode não ser a melhor opção. É por isso que, contrariando o conselho financeiro convencional, sugiro não maximizar o 401(k).

ONDE APLICAR?

Por que Não Maximizar o 401(k)

Sei que o conselho "se puder, maximize o 401(k)" é muito comum. Afinal, é uma recomendação quase universal entre especialistas em finanças pessoais. Na verdade, eu também costumava pregar esse conselho.

Entretanto, desde que fiz os cálculos, mudei de opinião. Maximizar o 401(k) é muito menos vantajoso do que parece. Mas não me entenda mal. Deve-se sempre contribuir para o 401(k) *até o limite das contribuições adicionais do empregador*. As contribuições adicionais do empregador são basicamente um dinheiro grátis que não se deve perder. Porém, tudo o que for *além* delas precisa ser considerado com mais cuidado.

Como destaquei na seção anterior, o benefício fiscal de uma conta não tributável em comparação a uma conta tributável bem gerenciada é de cerca de 0,5% ao ano. No entanto, essa comparação supôs apenas uma única contribuição na conta, bem como a inexistência de dividendos anuais. Mas essas duas suposições provavelmente não são verdadeiras.

A maioria das pessoas adicionará dinheiro ao longo do tempo e terá que pagar impostos sobre os dividendos na conta de corretagem. Se fizermos esses ajustes considerando um dividendo anual de 2% e contribuições anuais por 30 anos, o benefício após impostos de um 401(k) aumenta para 0,73% ao ano.

Embora seja um aumento razoavelmente considerável, ele não leva em conta as taxas do plano 401(k). Até agora, presumimos que as taxas de um 401(k) seriam as mesmas de uma conta tributável. Mas nem sempre é assim. Como as opções de investimento são limitadas em um 401(k) e há taxas de administração e outras taxas do plano, as pessoas provavelmente pagarão mais em um 401(k) do que em uma conta tributável.

E, com o cálculo anterior, se as opções de investimento no plano 401(k) do empregador forem apenas 0,73% mais caras do que o valor pago em uma conta de corretagem tributável, o benefício anual do 401(k) será completamente eliminado.

Não é algo difícil de acontecer. Por exemplo, se assumirmos um pagamento de 0,1% ao ano em taxas de fundo para obter um portfólio diversificado em uma conta de corretagem, pagar qualquer valor acima de 0,83% [0,73% + 0,1%] por ano no 401(k) eliminaria completamente o benefício fiscal de longo prazo.

A TD Ameritrade constatou que o custo médio total para o típico plano 401(k) nos EUA foi de 0,45% em 2019.[98] Isso significa que o norte--americano médio obtém um benefício anual de 0,38% [0,83% - 0,45%] do plano 401(k) (além das contribuições adicionais do empregador).

Infelizmente, não é muito, considerando a indisponibilidade do capital até os 59,5 anos de idade. Embora seja possível resgatar dinheiro de um Roth 401(k) em certas circunstâncias, para todos os fins práticos, é preciso agir como se o dinheiro no 401(k) fosse inacessível.

E se as taxas do plano forem superiores a 0,45%? Se a pessoa trabalhar em uma empresa menor, na qual as taxas totais do 401(k) normalmente excedem 1%, o benefício de longo prazo de aportes maiores do que as contribuições adicionais do empregador seria negativo! Cada dólar contribuído além das contribuições adicionais acabará custando dinheiro em comparação a investi-lo em uma conta tributável bem gerenciada.

Por outro lado, se os custos totais do plano 401(k) oferecido pelo empregador forem baixos (0,2% ou menos), ainda haverá certo benefício monetário para maximizar.

Mas, antes, é preciso questionar: vale a pena "bloquear" uma parte significativa da riqueza até a velhice por um adicional de 0,6% a 0,7% ao ano? Não tenho certeza.

Levanto esse questionamento, pois sinto que cometi um erro financeiro ao contribuir *demais* para o 401(k) quando era mais jovem. Embora minhas projeções de aposentadoria pareçam ótimas agora, estabeleci alguns limites sobre o que posso fazer com meu dinheiro.

Por exemplo, como maximizei o 401(k) durante a maior parte dos meus 20 anos, hoje não consigo arcar com o considerável valor de entrada de um imóvel em Manhattan. Nem tenho certeza se quero comprar um imóvel, mas, se quisesse, levaria alguns anos a mais devido às minhas contribuições excessivas para o 401(k). Em parte, a culpa é minha por não me planejar com antecedência, mas divido essa culpa com o conselho "maximize o 401(k)", que acatei quando era mais jovem.

ONDE APLICAR?

Por esse motivo, é difícil para mim apoiar a maximização do 401(k) por 0,5% a mais ao ano (ou às vezes até menos). O prêmio de iliquidez é pequeno demais para valer a pena, mesmo que a pessoa não precise do dinheiro para o valor de entrada de um imóvel, por exemplo.

Claro, se alterarmos qualquer uma das suposições que fiz até agora, a decisão de maximizar o 401(k) também muda. Por exemplo, se a alíquota do imposto sobre ganhos de capital de longo prazo aumentasse de 15% para 30%, o benefício anual de um 401(k) em relação a uma conta de corretagem aumentaria de 0,73% para 1,5% ao ano. É uma diferença significativa que pode favorecer a maximização do 401(k).

Além disso, existem fortes razões comportamentais para maximizar o 401(k). Por exemplo, se a pessoa tem dificuldades em gerenciar o próprio dinheiro, a automação e a iliquidez fornecidas por um 401(k) podem ser essenciais para manter o curso. Esses benefícios não podem ser encontrados em uma planilha, mas definitivamente são importantes.

Em última análise, a decisão de maximizar o 401(k) dependerá das circunstâncias individuais. Fatores como temperamento, metas financeiras e o custo do plano 401(k) oferecido pelo empregador desempenharão um papel relevante nessa decisão. É preciso considerar esses fatores cuidadosamente antes de prosseguir.

Agora que discutimos os prós e os contras de maximizar o 401(k), podemos concluir nossa discussão sobre impostos abordando a melhor forma de organizar os ativos.

A Melhor Forma de Organizar os Ativos

Não se trata do que se possui, mas de onde se possui. Estou falando da *localização dos ativos*, ou da distribuição dos ativos entre diferentes tipos de conta. Por exemplo, os títulos estão em contas tributáveis (como de corretagem), em contas não tributáveis (como 401k, IRA etc.) ou em ambas? E quanto às ações?

A sabedoria convencional sugere possuir títulos (e outros ativos que geram rendimentos frequentes) em contas não tributáveis e ações (e outros ativos de alto retorno) em contas tributáveis. A lógica é: se houver mais renda proveniente de títulos (ou seja, juros) do que renda proveniente de ações (ou seja, dividendos), o ideal é proteger essa renda dos impostos.

Mais importante, como o imposto sobre a renda de títulos é maior do que o imposto sobre a renda de ações (renda ordinária vs. ganhos de capital), possuir títulos em contas não tributáveis evitaria alíquotas maiores.

Historicamente, essa estratégia fazia sentido quando os rendimentos dos títulos eram muito mais altos do que os rendimentos de dividendos das ações. No entanto, quando os títulos têm menor rendimento/crescimento, protegê-los de impostos pode não ser a melhor escolha.

Na verdade, se o objetivo for maximizar a riqueza após os impostos, deve-se possuir ativos de maior crescimento em contas não tributáveis (401k, IRA etc.) e ativos de menor crescimento em contas tributáveis.

Isso se aplica mesmo que, em 2020, as alíquotas de imposto sobre renda ordinária (e juros) tenham excedido as alíquotas de imposto sobre ganhos de capital. Para explicar por que os ativos de alto crescimento se saem melhor em contas não tributáveis, apresentarei um exemplo.

Imagine que uma pessoa investiu US$10 mil em dois ativos diferentes (Ativo A e Ativo B). O Ativo A rende 7% ao ano e não paga dividendos/juros, enquanto o Ativo B paga 2% ao ano em juros. Após um ano, a conta do Ativo A terá US$10.700 (antes dos impostos) e a conta do Ativo B terá US$10.200 (antes dos impostos).

Considerando 15% de imposto sobre ganhos de capital de longo prazo e 30% de imposto sobre receita de juros, os impostos devidos pelo Ativo A seriam US$105 [US$700 de ganhos × 15%], enquanto os impostos devidos pelo Ativo B seriam US$60 [US$200 de juros × 30%]. Como queremos minimizar os impostos, seria melhor possuir o Ativo A em uma conta não tributável, mesmo que ele não pague juros/dividendos.

Esse exemplo ilustra por que é preciso considerar a taxa de crescimento esperada dos ativos, *além* das alíquotas de imposto sobre renda/ganhos de capital, antes de decidir onde aplicá-los.

Ademais, ao possuir ativos de alto crescimento (e provavelmente de maior risco) em uma conta não tributável, a pessoa se sente menos ten-

ONDE APLICAR?

tada a vendê-los durante uma crise de mercado, pois são mais difíceis de acessar.

O outro benefício adicional dessa estratégia é que os ativos de baixo crescimento (títulos) provavelmente manterão seu valor e propiciarão maior liquidez quando for mais necessário. Possuir ativos de baixo crescimento (e menor risco) em contas tributáveis os torna mais facilmente acessíveis do que se estivessem em uma conta não tributável. Portanto, quando o mercado entra em crise, os ativos com maior probabilidade de manter seu valor também são os mais acessíveis.

No entanto, separar ativos de alto e baixo crescimento em contas tributáveis e não tributáveis pode dificultar o reequilíbrio entre as contas. Por exemplo, se a pessoa possui todas as ações em um 401(k)/IRA e elas acabarem reduzidas pela metade, não é possível transferir dinheiro da conta de corretagem para essas contas a fim de reequilibrar. Embora seja matematicamente ideal possuir ativos de maior crescimento em contas não tributáveis, não gosto da ideia devido à dificuldade de reequilíbrio.

É por isso que prefiro *a mesma alocação* em todas as minhas contas. Ou seja, possuo ativos semelhantes em proporções semelhantes na conta de corretagem, na IRA e no 401(k). As contas são cópias uma da outra.

Escolhi esse método, pois ele é mais fácil de gerenciar do que a distribuição de ações, REITs e títulos entre diferentes tipos de conta. Não é a solução mais eficiente em termos fiscais, mas é a solução que prefiro.

Em resumo, se a pessoa precisa obter um pouco mais de retorno, proteger os ativos de maior crescimento em contas não tributáveis é a melhor opção. Porém, se esse aspecto não for tão importante, a alocação similar nos diferentes tipos de conta pode facilitar o gerenciamento dos investimentos.

Agora que analisamos como otimizar a riqueza ao decidir onde aplicá-la, discutiremos por que essa riqueza nunca o fará se sentir rico.

20.

POR QUE VOCÊ NUNCA SE SENTIRÁ RICO

E por que provavelmente já é

Era o dia de Natal em 2002, e as pessoas em toda a Virgínia Ocidental gastavam dinheiro como se não houvesse amanhã. Mas, em vez de presentes ou gemada, o que elas compravam?

Bilhetes de loteria.

Às 15h26, o frenesi atingiu o ápice, com 15 pessoas comprando um bilhete A. CADA. SEGUNDO. Tique. Tique. Tique. E 45 novos esperançosos eram contagiados pela febre da loteria.

Jack Whittaker era um deles. Ele não costumava jogar na loteria, mas, com um prêmio de mais de US$100 milhões, como poderia resistir? Jack comprou um bilhete e foi para casa encontrar Jewell, sua esposa há quarenta anos.

Às 23h daquela noite, os números vencedores foram anunciados. Jewell acordou Jack, que havia adormecido. Era um milagre. Eles acertaram quatro dos cinco números. Não era o maior prêmio, mas ambos sabiam que uma quantia de seis dígitos os esperava quando foram se deitar.

CONTINUE A COMPRAR

Na manhã seguinte, antes de sair para o trabalho, Jack ligou a TV e fez uma descoberta surpreendente. Um dos números do sorteio foi anunciado incorretamente na noite anterior. Jack verificou seu bilhete e ficou sem palavras.

Com um único bilhete, ele ganhou o maior prêmio de loteria da história norte-americana — US\$314 milhões. Jack decidiu pegar o dinheiro imediatamente, recebendo US\$113 milhões após impostos.[99]

Mas você já sabe que essa história não acaba bem, não é?

Dois anos após Jack receber os US\$113 milhões, sua neta foi encontrada morta (provavelmente por overdose de drogas), sua esposa o abandonou e ele começou a passar o tempo apostando em jogos de azar, propondo sexo a mulheres por dinheiro e dirigindo embriagado. Jack acabou perdendo todo o prêmio.

Eu já sei o que você está pensando: "Ah, Nick, outra história sobre o fracasso de um ganhador da loteria. Que original."

Bem, há um pequeno detalhe que omiti da história — Jack Whittaker já era rico.

Sim. Jack tinha um patrimônio líquido superior a US\$17 milhões *antes* de comprar o bilhete que mudaria sua vida para sempre. Como ele ficou rico? Jack era um empresário de sucesso, presidente da Diversified Enterprise Construction, uma empreiteira na Virgínia Ocidental.

Conto essa história, pois ela ilustra como até mesmo as pessoas com a melhor intenção, o melhor histórico e o melhor discernimento podem sucumbir aos efeitos transformadores do dinheiro.

Jack Whittaker não era uma pessoa ruim. Ele sustentava a esposa e a neta, frequentava a igreja e doou dezenas de milhões de dólares para criar uma fundação sem fins lucrativos *imediatamente após* ganhar na loteria.

No entanto, ele não conseguiu resistir às tentações. O dinheiro tem o poder de mudar as pessoas.

Ironicamente, nada disso teria acontecido se Jack percebesse o quão rico já era.

Como sei que ele não se sentia rico? Porque jogou na loteria mesmo tendo US$17 milhões! Embora seja fácil concluir que Jack era apenas ganancioso, sei por experiência própria que reconhecer a riqueza é sempre mais difícil do que parece.

Eu Não Sou Rico, Ele É

Em meados da década de 2010, eu e meu amigo John (nome fictício) começamos uma discussão sobre o que significa ser rico nos EUA. O pai e a mãe de John eram pós-graduados e tinham carreiras notáveis em medicina e educação, criando o filho em uma das cidades mais prósperas da Região da Baía de São Francisco. No entanto, John afirmou que não era tão rico e me explicou o porquê.

Quando John completou 16 anos, seu pai lhe deu US$1.000 para abrir uma conta de corretagem e aprender sobre o mercado de ações. Naquela noite, John contou a Mark, seu melhor amigo, sobre o presente e perguntou o que ele havia ganhado, já que o aniversário de ambos era próximo. Mark disse que havia recebido exatamente o mesmo presente do pai.

John ficou chocado. Ele sabia que seu pai e o pai de Mark eram bons amigos, então parecia plausível que os filhos ganhassem presentes iguais. Mas John também sabia que a família de Mark era muito mais rica do que a sua. Na verdade, era uma família extremamente abastada.

O avô de Mark havia fundado uma famosa empresa de investimentos e o pai de Mark fazia parte do conselho de uma grande empresa de tecnologia. No papel, a família dele era bilionária, então John ficou confuso quando soube que o amigo havia recebido apenas US$1.000.

Quando John perguntou: "Então você também ganhou US$1.000?", Mark respondeu hesitante: "Bem, não. Foram US$100 mil. Mas é basicamente o mesmo presente."

Há ricos e *ricos*.

De 2002 a 2007, eu também achava que era rico. Ou pelo menos um pouco rico.

CONTINUE A COMPRAR

Minha família tinha uma TV enorme, um carro esportivo e um buggy. Morávamos em uma casa de três andares, localizada em um condomínio fechado que os colegas da escola chamavam de "Os Portões". Mais tarde, descobri que essa vida de luxo era apenas temporária.

Em 2002, quando minha mãe e meu padrasto compraram nossa casa de três andares, eles pagaram US\$271 mil. No início de 2007, ela atingiu um valor máximo de US\$625 mil. Durante todo esse período, minha família refinanciou a casa repetidas vezes, extraindo quantidades crescentes do patrimônio imobiliário. Poderíamos continuar vivendo bem com esse patrimônio, desde que os preços das casas continuassem subindo.

Infelizmente, não aconteceu. Quando os preços das casas começaram a cair no final de 2007, tudo desmoronou. Perdemos a casa e fomos obrigados a vender o buggy, a TV e o carro esportivo. Os Portões, que antes chamávamos de lar, tornaram-se uma barreira para a vida que já não nos pertencia. No fim das contas, não éramos ricos.

Mas só me dei conta disso na faculdade. Nunca esquecerei a primeira semana de aula, quando descobri que, entre os vinte calouros do dormitório, apenas eu e um colega nunca tínhamos viajado para a Europa. Na época, o lugar mais distante da Califórnia que eu conhecia era o Novo México, e a passagem aérea havia sido paga por uma bolsa de estudos. Agora, em retrospecto, entendo por que eu achava que era rico de 2002 a 2007. Era porque eu sabia como era viver em condições piores.

Logo antes de mudar para Os Portões, minha família morava em um apartamento que tinha uma infestação de baratas embaixo do forno. Sempre que assávamos algo, elas saíam e se aqueciam no painel, como pequenos lagartos ao sol. As baratas invadiam constantemente nossa despensa e deixavam pequenos rastros marrons de você sabe o quê. Era nojento. Até hoje não suporto baratas.

No entanto, por mais precária que fosse a situação, havia muitas coisas boas na minha vida. Nunca passei fome, tinha um apoio familiar incrível e até ganhei um computador (em 2001!). Mas, na época, eu não conseguia enxergar o lado bom, pois era a única realidade que conhecia.

Era o mesmo caso do meu amigo John, que não enxergava sua riqueza, pois, desde jovem, *a única realidade que conhecia* era ser relativamente mais pobre do que os amigos do ensino médio. Infelizmente, essa percepção costuma perdurar à medida que avançamos no espectro da riqueza.

Por que Nem Mesmo os Bilionários Se Sentem Ricos

Você pode pensar que, ao se tornar bilionário, perceberá que é rico, mas nem sempre é o caso. Por exemplo, considere uma entrevista de fevereiro de 2020 com Lloyd Blankfein, ex-CEO da Goldman Sachs e atual bilionário. Na entrevista, ele afirma que, apesar da imensa riqueza, não é rico:

> "Blankfein insiste que é 'bem-sucedido', e não rico. 'Não consigo nem pronunciar a palavra', reitera. 'Não me sinto assim. Não me comporto assim.'
>
> Ele diz que tem um apartamento em Miami e outro em Nova York, mas que abdica das ostentações. 'Se eu comprasse uma Ferrari, ficaria preocupado com a possibilidade de alguém riscá-la', brinca."[100]

Por mais chocante que pareça, entendo o ponto de vista de Blankfein.

Quando se convive regularmente com pessoas como Jeff Bezos e David Geffen e se tem homólogos como Ray Dalio e Ken Griffen, possuir US$1 bilhão não parece muito.

No entanto, de forma completamente objetiva, Blankfein faz parte do 0,01% das famílias mais ricas dos EUA, ou o 1% do 1%. De acordo com Saez e Zucman, o 0,01% das famílias mais ricas dos EUA (~16 mil famílias) tinha um patrimônio líquido de pelo menos US$111 milhões em 2012.[101] Mesmo se considerarmos o aumento nos preços dos ativos desde 2012, Blankfein estaria facilmente entre o 0,01% mais rico.

Mas não é só Blankfein que tem esse problema de percepção. A maioria das pessoas na extremidade superior do espectro de renda acha que está em pior situação financeira do que realmente está.

Por exemplo, uma pesquisa publicada no *Review of Economics and Statistics* ilustra que a maioria das famílias na metade superior do espectro de renda não percebe o quão favorável é sua situação financeira.[102]

Como mostra o gráfico a seguir, as famílias acima do 50º percentil tendem a subestimar sua situação em relação à dos outros.

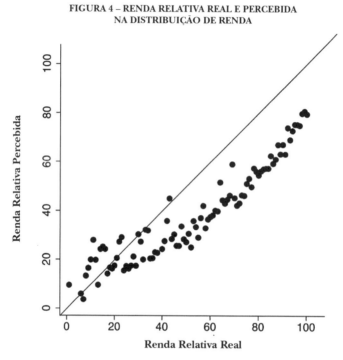

FIGURA 4 – RENDA RELATIVA REAL E PERCEBIDA NA DISTRIBUIÇÃO DE RENDA

A figura mostra a relação entre a renda relativa percebida e a renda relativa real entre os entrevistados da primeira rodada. Criamos cem intervalos de renda relativa real com tamanhos iguais e mostramos a renda relativa percebida média em cada intervalo. A linha de 45° ilustra o caso sem viés. O número de observações é 1.242.

Como é possível ver no gráfico, mesmo as famílias no 90º percentil e acima na renda real acreditam estar na faixa do 60º ao 80º percentil.

Embora esse resultado pareça surpreendente, se considerarmos a percepção de riqueza como um problema de rede, faz muito sentido. Em *The Human Network*, Matthew Jackson explica bem esse conceito ao discutir por que a maioria das pessoas se sente menos popular do que os amigos:

> "Você já teve a impressão de que outras pessoas têm muito mais amigos? Se sim, você não é o único. Nossos amigos

têm, em média, mais amigos do que uma pessoa típica da população. Esse é o paradoxo da amizade... E ele é simples de entender. Os mais populares aparecem nas listas de amizade de muitas outras pessoas, enquanto aqueles com pouquíssimos amigos aparecem nas listas de amizade de relativamente poucas pessoas. As pessoas com muitos amigos estão super-representadas nas listas de amizade em relação à sua parcela na população, enquanto aquelas com poucos amigos estão sub-representadas."[103]

Podemos aplicar esse mesmo raciocínio às redes sociais para entender por que a maioria das pessoas se sente menos rica do que realmente é.

Por exemplo, você provavelmente pode pensar em pelo menos uma pessoa mais rica do que você. Bem, essa pessoa certamente tem amigos mais ricos, então também pode pensar em alguém mais rico do que ela. Do contrário, pode facilmente citar uma celebridade (por exemplo, Gates, Bezos etc.).

Se estendermos essa lógica à sua conclusão natural, perceberemos que todos (além da pessoa mais rica do mundo) podem apontar para outro indivíduo e dizer: "Eu não sou rico, ele é."

É assim que grandes bilionários como Blankfein se sentem apenas "bem-sucedidos".

E adivinhe? Você certamente tem a mesma percepção.

Como eu sei? Porque você provavelmente é muito mais rico do que pensa. Por exemplo, se o seu patrimônio líquido for superior a $4.210, você é mais rico do que metade do mundo, de acordo com o Relatório de Riqueza Global do Credit Suisse de 2018.[104]

E, se o seu patrimônio líquido ultrapassar $93.170, um valor semelhante à mediana de patrimônio líquido nos EUA, você está entre os 10% mais ricos do mundo. Não sei você, mas acho que isso é sinal de riqueza.

Deixe-me adivinhar, você discorda? Não acha justo se comparar a pessoas aleatórias ao redor do mundo, como agricultores rurais em países em desenvolvimento?

CONTINUE A COMPRAR

Bem, adivinhe? Lloyd Blankfein provavelmente não acha justo se comparar a pessoas como você e eu!

Sim, Blankfein negar que é rico é objetivamente mais bizarro do que estar entre os 10% mais ricos do mundo e achar que isso não é sinal de riqueza. No entanto, trata-se fundamentalmente do mesmo argumento. É uma distinção desnecessária.

Afinal, a verdadeira riqueza é de quem? Dos 10% mais ricos?

Do 1% mais rico?

Do 0,01% mais rico?

E em que nível de agregação? Global? Nacional? Regional?

Não há resposta certa, pois ser rico é um conceito *relativo*. Sempre foi e sempre será. E essa relatividade estará presente durante toda a vida.

Por exemplo, seria necessário um patrimônio líquido de US$11,1 milhões para estar entre o 1% mais rico dos EUA em 2019. No entanto, ao considerarmos a faixa etária e o nível de escolaridade, esse valor varia de US$341 mil a US$30,5 milhões.

Por exemplo, para estar entre o 1% mais rico dentre pessoas com menos de 35 anos que abandonaram o ensino médio, seriam necessários apenas US$341 mil. Mas, para estar entre o 1% mais rico dentre pessoas com ensino superior e idade entre 65 e 74 anos, seriam necessários US$30,5 milhões.

O gráfico a seguir ilustra esse aspecto, dividindo o patrimônio líquido do 1% mais rico dos EUA em 2019 por nível de escolaridade (cada segmento) e por faixa etária (eixo x).

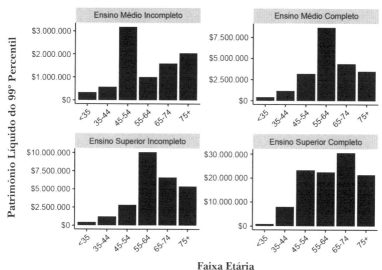

Patrimônio Líquido do 99º Percentil por Faixa Etária e Nível de Escolaridade

É por isso que ninguém se sente rico. É sempre fácil apontar para alguém que está em uma situação financeira melhor.

O segredo é não esquecer que as pessoas podem estar apontando para você.

Agora que discutimos por que você provavelmente nunca se sentirá rico, abordaremos o único ativo que pode fazê-lo se sentir mais rico do que todos os outros.

21.

O ATIVO MAIS IMPORTANTE

E por que ele é finito

Em 2017, Peter Attia, médico e especialista em longevidade, ministrou uma palestra sobre como aumentar a expectativa de vida, propondo o seguinte exercício mental para o público:

> "Eu aposto que, se lhe oferecessem toda a fortuna de Warren Buffett, nenhum de vocês trocaria de lugar com ele agora… E, aliás, também aposto que Buffett gostaria de voltar aos 20 anos de idade se estivesse falido."[105]

Considere a troca proposta por Attia. Imagine ter a riqueza, a fama e o status de Buffett como o maior investidor do mundo. Ir a qualquer lugar, conhecer quem quiser e comprar qualquer coisa. No entanto, você teria 87 anos (a idade de Buffett na época). Você faria a troca?

Parece estranho, mas aposto que não. Intuitivamente, você sabe que, em algumas circunstâncias, o tempo vale muito mais do que o dinheiro. Com tempo, é possível fazer certas coisas que jamais se conseguiria com dinheiro. De fato, com tempo suficiente, pode-se até mover montanhas.

CONTINUE A COMPRAR

O Homem da Montanha

Você provavelmente não conhece uma das histórias mais notáveis de perseverança da trajetória humana.

Ela começa em 1960, na cidade de Gehlaur, nordeste da Índia. Naquela época, Gehlaur era um local isolado. Na verdade, era tão isolado que os aldeões precisavam percorrer um perigoso caminho de 50km ao redor da montanha para buscar suprimentos ou tratamento médico.

Certo dia, uma aldeã estava caminhando ao redor da montanha quando caiu e se machucou. Seu marido, Dashrath Manjhi, soube do acidente e concluiu que os aldeões de Gehlaur já haviam se arriscado o bastante. Naquela mesma noite, ele jurou que abriria um caminho através da montanha.

No dia seguinte, usando apenas um martelo e um cinzel, Manjhi começou sua missão. Os aldeões zombaram dele, dizendo que era impossível. Mas ele nunca desistiu.

Ao longo de 22 anos, Manjhi desbastou a montanha sozinho. Dia após dia, noite após noite. Por fim, ele conseguiu abrir um caminho com 110m de comprimento, 9,1m de largura e 7,6m de profundidade.

Ao terminar seu trabalho, no início da década de 1980, Manjhi havia removido um total de mais de 7.645m³ de rocha, ganhando o apelido de "Homem da Montanha".

Ao abrir esse caminho, ele reduziu o trajeto entre as aldeias vizinhas de 55km para 15km. Se você pesquisar "Dashrath Manjhi Passthrough" no Google Maps e for ao Street View, verá o resultado das duas décadas de trabalho. Infelizmente, a esposa de Manjhi, que inspirou a missão, faleceu alguns anos antes de o trabalho ser concluído.

Essa história ilustra o surpreendente valor *invisível* do tempo. Embora não tivesse dinheiro para contratar uma equipe de construção, Manjhi tinha tempo.

Por essa razão, o tempo é, e sempre será, o ativo mais importante. O modo como usamos esse tempo aos 20, 30 e 40 anos de idade terá enormes impactos aos 50, 60 e 70 anos. Infelizmente, pode demorar um pouco para aprender essa lição. Sei disso por experiência própria.

O ATIVO MAIS IMPORTANTE

Comecei este livro discutindo minhas preocupações financeiras como um jovem recém-formado e vou encerrá-lo contando sobre uma meta que estabeleci nessa mesma idade. O importante não foi a meta em si, mas o aprendizado que ela me propiciou sobre o valor do tempo e sobre como julgamos nossa vida.

Começamos Nossa Vida como Ações de Crescimento e Terminamos Nossa Vida como Ações de Valor

Aos 23 anos, me propus a ter US$500 mil quando fizesse 30. Naquela época, eu tinha menos de US$2 mil, mas acabei definindo US$500 mil como meta após ler que Warren Buffett tinha US$1 milhão aos 30 anos.

Observe que Buffett tinha US$1 milhão em 1960, o que equivaleria a mais de US$9 milhões hoje. Como não sou Warren Buffett, reduzi a meta pela metade e não apliquei o ajuste pela inflação.

Em novembro de 2020, quando completei 31 anos, meu patrimônio líquido ainda não havia atingido US$500 mil. E eu estava mais aquém do que gostaria.

Mas isso não é realmente importante. Como Dominic Toretto, personagem de Vin Diesel em *Velozes e Furiosos*, disse certa vez: "Não importa se você vence por um centímetro ou um quilômetro. Vencer é vencer."

E perder também é perder, seja por um ou seis dígitos. Mas o que torna essa perda particularmente infeliz é que ela ocorreu durante uma alta do mercado. Porém, meu fracasso não foi culpa do S&P 500, mas do meu comportamento.

Qual foi meu erro? Bem, não foi falta de esforço. Eu trabalhava em tempo integral há mais de oito anos e dedicava dez horas por semana ao meu blog há quase quatro anos. Só monetizei meu blog em 2020, mas, mesmo que o fizesse antes, ficaria aquém.

Também não acho que foi culpa dos meus gastos. Embora pudesse ter viajado e jantado fora com menos frequência (experiências que apreciava bastante), cortar esses gastos não faria uma diferença significativa.

CONTINUE A COMPRAR

Mas sabe o que faria diferença? Tomar decisões melhores no início da carreira. Eu não deveria ter otimizado meu dinheiro, mas *meu tempo*.

Enquanto muitos dos meus amigos trabalhavam em grandes empresas de tecnologia (Facebook, Amazon, Uber etc.) e recebiam uma generosa remuneração com base em ações, eu trabalhei na mesma empresa de consultoria por seis anos, onde recebia um bom salário, mas sem essa vantagem. Não percebi o quanto estava perdendo até que fosse um pouco tarde demais.

Agora, muitos desses amigos são milionários (ou pelo menos meio milionários) devido às suas opções de ações após o enorme crescimento nas avaliações das empresas de tecnologia. Sim, é fácil pensar que meus amigos tiveram sorte, o que é parcialmente verdade, mas também sei que é apenas uma desculpa. Eu tive muitas oportunidades de entrar no mundo da tecnologia, mas recusei todas elas.

E o problema não é que eu desejava trabalhar especificamente em big techs (não desejava), mas que não dediquei um tempo significativo para pensar sobre minha carreira até os 27 anos. Pesquisadores do Federal Reserve Bank de Nova York mostraram que a renda de um indivíduo cresce mais rapidamente na primeira década de trabalho (entre 25 e 35 anos de idade).[106] Considerando essa informação, é possível compreender por que meu foco aos 23 anos deveria ter sido minha carreira, e *não* meu portfólio de investimentos.

Meu erro foi acreditar que o dinheiro era um ativo mais importante do que o tempo. E só mais tarde percebi por que isso era um equívoco.

Embora sempre possamos ganhar mais dinheiro, nada pode nos propiciar mais tempo.

Por mais difícil que pareça, não sou tão crítico comigo mesmo. Dada a minha criação, sei que tenho uma vida muito melhor do que eu esperava. Além disso, não acho que teria a oportunidade de escrever este livro se tivesse ingressado em uma big tech. Então, é algo a considerar.

Mais importante, porém, sei que, mesmo que atingisse a meta de US$500 mil, minha vida não mudaria de modo significativo. Afinal, a riqueza aumenta em etapas, aproximadamente por fatores de 10. Por esse motivo, uma pessoa que aumenta a riqueza de $10 mil para $100 mil provavelmente terá um impacto de vida maior do que alguém que passa de $200 mil para $300 mil. Então, mesmo que eu fosse meio milionário aos 30 anos, não faria diferença.

Reclamar por não ter atingido uma meta financeira exorbitante, enquanto muitas famílias dos EUA lutam para sobreviver, parece insensível. Porém, como expliquei no capítulo anterior, a riqueza não é um jogo absoluto, mas relativo.

Querendo ou não, a comparação pessoal será relativa a nossas aspirações e a nosso grupo de homólogos. Eu gostaria que não fosse assim, mas é. Você pode discordar, mas há pesquisas irrefutáveis sobre o assunto.

Por exemplo, no livro *The Happiness Curve*, Jonathan Rauch descreve como a felicidade da maioria das pessoas começa a diminuir no final dos 20 anos, atinge o ponto mais baixo aos 50 anos e aumenta após essa idade. Quando traçada, a felicidade ao longo da vida parece uma curva em U (ou um pequeno sorriso).

É possível observar esse aspecto na pesquisa empírica de Hannes Schwandt, economista e professor-assistente da Universidade Northwestern. Ele traçou a satisfação de vida *esperada* daqui a cinco anos e a satisfação de vida atual, considerando a mesma idade.[107]

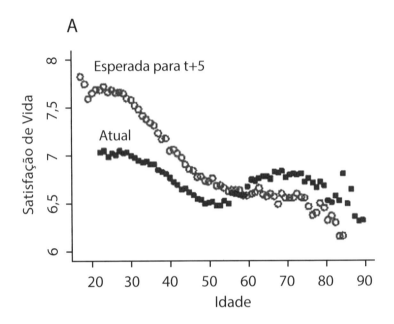

Por exemplo, pessoas de 30 anos têm uma satisfação de vida atual de 7 (em 10). E elas esperam que, daqui a 5 anos, quando atingirem 35 anos, a satisfação de vida seja de 7,7 (em 10). Porém, ao analisar o gráfico, percebe-se que as pessoas de 35 anos têm uma satisfação de vida *menor* do que as de 30 anos — a satisfação de vida atual aos 35 anos é de 6,8, e não de 7,7 como previsto aos 30 anos. Em média, as pessoas de 30 anos esperam um aumento de 0,7 ponto na satisfação de vida, mas provavelmente experimentarão uma *diminuição* de 0,2 ponto nos 5 anos seguintes.

Se consideramos apenas os pontos que representam a satisfação de vida atual, veremos a famosa curva em U da felicidade entre 25 e 70 anos.

Mas por que a felicidade começa a diminuir no final dos 20 anos? Porque, à medida que as pessoas envelhecem, a vida geralmente não atende às altas expectativas. Como Rauch afirma em *The Happiness Curve*:

> "Os jovens superestimam consistentemente a satisfação de vida futura. Eles cometem um grande erro de previsão, totalmente deliberado — como se alguém que morasse em

Seattle esperasse ver o sol todos os dias... Jovens adultos na faixa dos 20 anos superestimam a satisfação de vida futura em cerca de 10%, em média. Porém, com o tempo, o otimismo excessivo diminui... As pessoas não ficam deprimidas, apenas se tornam realistas."[108]

Essa pesquisa explica por que fiquei um pouco chateado ao não atingir a audaciosa meta financeira que estabeleci quando tinha 23 anos. Mas também explica por que era improvável que eu atingisse essa meta (ou seja, provavelmente ela era muito otimista).

Você pode identificar esse mesmo padrão na sua vida. Talvez você tenha estabelecido expectativas muito altas quando era jovem e acabou se decepcionando mais tarde. No entanto, como as pesquisas sugerem, é algo completamente normal.

Ao longo do tempo, também é normal diminuir as expectativas a ponto de surpresas agradáveis proporcionarem felicidade adicional à medida que nos aproximamos da velhice. Começamos nossa vida como ações de crescimento, mas terminamos nossa vida como ações de valor.

A forma como nos enxergamos na juventude é semelhante à precificação das ações de crescimento. Há altas expectativas e grandes esperanças para o futuro. No entanto, tal como muitas ações de crescimento, a maioria de nós acaba não atendendo a essas altas expectativas.

Com o tempo, diminuímos tanto nossas expectativas que duvidamos de uma situação melhor no futuro, o que é semelhante ao modo como os investidores precificam as ações de valor. Porém, a situação geralmente acaba sendo melhor do que a esperada, e nós, tal como os investidores em ações de valor, experimentamos surpresas agradáveis.

Claro, isso é apenas em média. A vida de cada um é diferente e tem as próprias reviravoltas. Todos nós devemos tomar decisões com base no que sabemos em determinado momento. É tudo o que nos resta.

Agora que discutimos o ativo mais importante em seu portfólio, vamos encerrar com um jogo que resume os aspectos mais relevantes.

CONCLUSÃO: AS REGRAS DA FILOSOFIA CONTINUE A COMPRAR

Como vencer o jogo do viajante do tempo

IMAGINE QUE VOCÊ é abordado por um viajante do tempo que tem um grande interesse em aprender a ficar rico. Para tanto, ele inventou um jogo que funciona da seguinte forma.

Amanhã, você acordará em algum momento dos últimos cem anos, sem conhecer sua vida atual e sem saber o que o futuro lhe reserva. No entanto, você poderá dar a si mesmo um conjunto específico de instruções financeiras a serem seguidas. Supondo que você queira maximizar a sua chance de construir riqueza, o que diria a si mesmo?

Embora instruções como "Compre ações da Apple" ou "Evite o mercado de ações de setembro de 1929 a junho de 1932" sejam tentadoras, vamos presumir que a história não se repetirá. Você pode voltar a 1929 e nunca vivenciar a Grande Depressão ou a 1976 e a Apple nunca sair da garagem.

Considerando a informação limitada, quais instruções você daria a si mesmo no presente para levar ao passado? Como você venceria o jogo do viajante do tempo?

Minha resposta a essa pergunta foi este livro. Como não sei nada sobre você, meu objetivo foi maximizar a chance de seu sucesso financeiro, independentemente do seu histórico. Com isso em mente, vamos rever o conjunto específico de instruções financeiras que eu daria a mim mesmo para vencer o jogo do viajante do tempo.

Estas são as regras da filosofia *Continue a Comprar*.

$ $ $ $ $

Poupar É para os Pobres, Investir É para os Ricos

Antes de decidir onde concentrar seu tempo e energia, descubra em que ponto você está na sua jornada financeira. Se as economias esperadas forem maiores do que o rendimento esperado, concentre-se em poupar; caso contrário, concentre-se em investir. Se forem semelhantes, concentre-se em ambos. (Capítulo 1.)

Poupe o que Puder

A renda e os gastos raramente são fixos, então o percentual de economias também não deve ser. Poupe o que puder para reduzir o estresse financeiro. (Capítulo 2.)

Foque a Renda, Não os Gastos

O controle de gastos tem limites, mas o aumento de renda não. Encontre pequenas formas de aumentar a renda no presente, transformando-as em grandes oportunidades de aumentar a renda no futuro. (Capítulo 3.)

Use a Regra 2x para Gastar Dinheiro sem Culpa

Se você se sentir culpado por esbanjar, invista a mesma quantia em ativos geradores de renda ou doe o mesmo valor para uma instituição de caridade. É a forma mais fácil de gastar sem preocupação. (Capítulo 4.)

Poupe pelo Menos 50% dos Seus Aumentos Futuros

Certa melhoria do estilo de vida é aceitável, mas mantenha-a abaixo de 50% dos aumentos futuros se quiser permanecer no caminho certo. (Capítulo 5.)

A Dívida Não É Boa ou Ruim, Depende de como Você a Utiliza

A dívida pode ser prejudicial em alguns cenários e útil em outros. Use a dívida apenas quando ela for benéfica para as finanças. (Capítulo 6.)

Compre uma Casa Apenas no Momento Certo

Comprar uma casa provavelmente será sua maior decisão financeira. Portanto, opte pela compra somente quando ela for adequada para suas finanças e seu estilo de vida atual. (Capítulo 7.)

Ao Poupar para uma Grande Compra, Prefira Dinheiro em Espécie

Embora títulos e ações possam render mais enquanto você espera, o dinheiro em espécie é a melhor opção ao poupar para um casamento, uma casa ou outra grande compra. (Capítulo 8.)

A Aposentadoria Não Se Trata Apenas de Dinheiro

Antes de decidir *quando* se aposentar, certifique-se de descobrir *o que* você fará ao se aposentar. (Capítulo 9.)

Invista para Substituir Seu Capital Humano por Capital Financeiro

Você não conseguirá trabalhar para sempre, então substitua seu capital humano por capital financeiro antes que seja tarde demais. Investir é a melhor forma de alcançar esse objetivo. (Capítulo 10.)

Pense como Dono e Compre Ativos Geradores de Renda

Para de fato aumentar a renda, pense como dono e use seu dinheiro para comprar ativos geradores de renda. (Capítulo 11.)

Não Compre Ações Individuais

Comprar ações individuais e esperar um desempenho superior é semelhante a jogar cara ou coroa. Você pode ter sucesso, mas, mesmo que tenha, como saberá que não foi apenas sorte? (Capítulo 12.)

Compre Rápido, Venda Devagar

Como os mercados tendem a subir com o tempo, comprar rápido e vender devagar é a forma ideal de maximizar a riqueza. Se você não se sente confortável com essa estratégia, talvez suas compras/vendas estejam muito arriscadas para o seu perfil. (Capítulos 13 e 18.)

Invista com a Maior Frequência Possível

Se você acha que consegue prever as baixas do mercado, repense. Nem mesmo Deus consegue superar o DCA (Capítulo 14.)

Investir Não Se Trata das Cartas que Você Recebe, Mas da Sua Estratégia de Jogo

Em sua jornada de investimento, você passará por períodos de sorte e azar. O mais importante, porém, é como você se comporta no longo prazo. (Capítulo 15.)

Não Tema a Volatilidade Quando Ela For Inevitável

Os mercados não lhe darão uma oportunidade sem alguns obstáculos ao longo do caminho. Não se esqueça de que é preciso enfrentar algumas desvantagens para obter vantagem. (Capítulo 16.)

Crises de Mercado (Geralmente) São Oportunidades de Compra

Os retornos futuros costumam ser mais altos após grandes crises. Não tenha medo de aproveitar essas crises quando elas ocorrerem periodicamente. (Capítulo 17.)

Tenha a Vida que Deseja, Mas Não Arrisque a Vida de que Precisa

Embora este livro se chame *Continue a Comprar*, às vezes é aconselhável vender. Afinal, de que adianta construir riqueza se você não puder aproveitá-la? (Capítulo 18.)

Não Maximize o 401(k) sem Refletir Antes

O benefício anual de um 401(k) pode ser menor do que se imagina. Antes de "bloquear" o dinheiro por várias décadas, é preciso considerar as situações em que ele pode ser necessário. (Capítulo 19.)

Você Nunca Se Sentirá Rico e Isso Não É um Problema

Não importa o quão rico você seja, sempre existirá alguém com mais dinheiro. Se você vencer o jogo financeiro, certifique-se de não se perder no processo. (Capítulo 20.)

O Tempo É o Ativo Mais Importante

Embora sempre possamos ganhar mais dinheiro, nada pode nos propiciar mais tempo. (Capítulo 21.)

$ $ $ $ $

O Jogo Financeiro do qual Já Estamos Participando

Felizmente, não precisamos voltar ao passado para participar do jogo do viajante do tempo, pois ele *já está em curso*. Na verdade, participamos desse jogo durante toda a vida adulta.

Todos os dias, precisamos tomar decisões financeiras sem saber o que o futuro nos reserva. E, embora não tenhamos um conjunto específico de instruções a seguir, estamos em uma busca constante pelas melhores informações possíveis. O fato de você ter lido este livro demonstra que está tentando encontrar o conjunto de instruções ideal.

Só espero que a filosofia *Continue a Comprar* entre na sua lista. Obrigado pela leitura.

NOTAS

1. J. L. Collins explica melhor esse aspecto em um remake da cena clássica do filme *O Apostador*: www.youtube.com/watch?v=eikbQPldhPY

2. Miller, Matthew L., "Binge 'Til You Burst: Feast and Famine on Salmon Rivers", Cool Green Science (8 de abril de 2015).

3. Nichols, Austin e Seth Zimmerman, "Measuring Trends in Income Variability", Urban Institute Discussion Paper (2008).

4. Dynan, Karen E.; Jonathan Skinner e Stephen P. Zeldes, "Do the Rich Save More?", *Journal of Political Economy* 112:2 (2004) 397–444.

5. Saez, Emmanuel e Gabriel Zucman, "The Distribution of US Wealth: Capital Income and Returns since 1913". Não publicado (2014).

6. "Stress in America? Paying With Our Health", Associação Americana de Psicologia (4 de fevereiro de 2015).

7. "Planning & Progress Study 2018", Northwestern Mutual (2018).

8. Graham, Carol, "The Rich Even Have a Better Kind of Stress than the Poor", Brookings (26 de outubro de 2016).

9. Leonhardt, Megan, "Here's How Much Money Americans Say You Need to Be 'Rich'", CNBC (19 de julho de 2019).

10. Frank, Robert, "Millionaires Need $7.5 Million to Feel Wealthy", *The Wall Street Journal* (14 de março de 2011).

CONTINUE A COMPRAR

11. Chris Browning *et al.*, "Spending in Retirement: Determining the Consumption Gap", *Journal of Financial Planning* 29:2 (2016), 42.

12. Taylor, T.; Halen, N. e Huang, D., "The Decumulation Paradox: Why Are Retirees Not Spending More?", *Investments & Wealth Monitor* (julho/agosto de 2018), 40–52.

13. Matt Fellowes, "Living Too Frugally? Economic Sentiment & Spending Among Older Americans", unitedincome.capitalone.com (16 de maio de 2017).

14. Pesquisa de Finanças do Consumidor e Contas Financeiras dos EUA.

15. 19ª Pesquisa Anual de Aposentadoria Transamérica (dezembro de 2019).

16. Relatório Anual de 2020 do Board of Trustees of the Federal Old-Age and Survivors Insurance e Federal Disability Insurance Trust Funds (abril de 2020).

17. Pontzer, Herman; David A. Raichlen, Brian M. Wood, Audax Z.P. Mabulla, Susan B. Racette e Frank W. Marlowe, "Hunter-gatherer Energetics and Human Obesity", *PLoS ONE* 7:7 (2012), e40503.

18. Ross, Robert e I. N. Janssen, "Physical Activity, Total and Regional Obesity: Dose-response Considerations", *Medicine and Science in Sports and Exercise* 33:6 SUPP (2001), S521–S527.

19. Balboni, Clare; Oriana Bandiera, Robin Burgess, Maitreesh Ghatak e Anton Heil, "Why Do People Stay Poor?" (2020). CEPR Discussion Paper Nº. DP14534.

20. Egger, Dennis; Johannes Haushofer, Edward Miguel, Paul Niehaus e Michael W. Walker, "General Equilibrium Effects of Cash Transfers: Experimental Evidence From Kenya", Nº. w26600. Departamento Nacional de Pesquisa Econômica (2019).

21. Stanley, Thomas J., *The Millionaire Next Door: The Surprising Secrets of America's Wealthy* (Lanham, MD: Taylor Trade Publishing, 1996). Publicado no Brasil com o título *O Milionário Mora ao Lado: Os surpreendentes segredos dos ricaços americanos.*

22. Corley, Thomas C., "It Takes the Typical Self-Made Millionaire at Least 32 Years to Get Rich", Business Insider (5 de março de 2015).

23. Curtin, Melanie, "Attention, Millennials: The Average Entrepreneur is This Old When They Launch Their First Startup", Inc.com (17 de maio de 2018).

NOTAS

24. Martin, Emmie, "Suze Orman: If You Waste Money on Coffee, It's like 'Peeing $1 Million down the Drain'", CNBC (28 de março de 2019).

25. Rigby, Rhymer, "We All Have Worries but Those of the Rich Are Somehow Different", *Financial Times* (26 de fevereiro de 2019).

26. Dunn, Elizabeth e Michael I. Norton, *Happy Money: The Science of Happier Spending* (Nova York, NY: Simon & Schuster Paperbacks, 2014). Publicado no Brasil com o título *Dinheiro Feliz: A arte de gastar com inteligência.*

27. Pink, Daniel H., *Drive: The Surprising Truth about What Motivates Us* (Nova York, NY: Riverhead Books, 2011). Publicado no Brasil com o título *Motivação 3.0 — Drive: A surpreendente verdade sobre o que realmente nos motiva.*

28. Matz, Sandra C.; Joe J. Gladstone e David Stillwell, "Money Buys Happiness When Spending Fits Our Personality", *Psychological Science* 27:5 (2016), 715–725.

29. Dunn, Elizabeth W.; Daniel T. Gilbert e Timothy D. Wilson, "If Money Doesn't Make You Happy, Then You Probably Aren't Spending It Right", *Journal of Consumer Psychology* 21:2 (2011), 115–125.

30. Vanderbilt, Arthur T, *Fortune's Children: The Fall of the House of Vanderbilt* (Nova York, NY: Morrow, 1989).

31. Gorbachev, Olga e María José Luengo-Prado, "The Credit Card Debt Puzzle: The Role of Preferences, Credit Access Risk, and Financial Literacy", *Review of Economics and Statistics* 101:2 (2019), 294–309.

32. Collins, Daryl; Jonathan Morduch, Stuart Rutherford e Orlanda Ruthven, *Portfolios of the Poor: How the World's Poor Live On $2 a Day* (Princeton, NJ: Princeton University Press, 2009).

33. "The Economic Value of College Majors", CEW Georgetown (2015).

34. Tamborini, Christopher R.; ChangHwan Kim e Arthur Sakamoto, "Education and Lifetime Earnings in the United States", *Demography* 52:4 (2015), 1383–1407.

35. "The Economic Value of College Majors", CEW Georgetown (2015).

36. "Student Loan Debt Statistics [2021]: Average + Total Debt", Education-Data (12 de abril de 2020).

37. Radwin, David e C. Wei, "What is the Price of College? Total, Net, and Out-of-Pocket Prices by Type of Institution in 2011–12", Documento Informativo, National Center for Education Statistics (2015).

CONTINUE A COMPRAR

38. Brown, Sarah, Karl Taylor e Stephen Wheatley Price, "Debt and Distress: Evaluating the Psychological Cost of Credit", *Journal of Economic Psychology* 26:5 (2005), 642–663.

39. Dunn, Lucia F. e Ida A. Mirzaie, "Determinants of Consumer Debt Stress: Differences by Debt Type and Gender", Departamento de Economia: Columbus, Universidade Estadual de Ohio (2012).

40. Sweet, Elizabeth; Arijit Nandi, Emma K. Adam e Thomas W. McDade, "The High Price of Debt: Household Financial Debt and its Impact on Mental and Physical Health", *Social Science & Medicine* 91 (2013), 94–100.

41. Norvilitis, J. M.; Szablicki, P.B. e Wilson, S.D., "Factors Influencing Levels of Credit-Card Debt in College Students", *Journal of Applied Social Psychology* 33 (2003), 935–947.

42. Dixon, Amanda, "Survey: Nearly 4 in 10 Americans Would Borrow to Cover a $1K Emergency", Bankrate (22 de janeiro de 2020).

43. Kirkham, Elyssa, "Most Americans Can't Cover a $1,000 Emergency With Savings", LendingTree (19 de dezembro de 2018).

44. Athreya, Kartik; José Mustre-del-Río e Juan M. Sánchez, "The Persistence of Financial Distress", *The Review of Financial Studies* 32:10 (2019), 3851–3883.

45. Shiller, Robert J., "Why Land and Homes Actually Tend to Be Disappointing Investments", *The New York Times* (15 de julho de 2016).

46. Bhutta, Neil; Jesse Bricker, Andrew C. Chang, Lisa J. Dettling, Sarena Goodman, Joanne W. Hsu, Kevin B. Moore, Sarah Reber, Alice Henriques Volz e Richard Windle, "Changes in US Family Finances from 2016 to 2019: Evidence From the Survey of Consumer Finances", *Federal Reserve Bulletin* 106:5 (2020).

47. Eggleston, Jonathan; Donald Hayes, Robert Munk e Brianna Sullivan, "The Wealth of Households: 2017", Relatório P70BR-170 do Departamento do Censo dos EUA (2020).

48. Kushi, Odeta, "Homeownership Remains Strongly Linked to Wealth-Building", First American (5 de novembro de 2020).

49. "What is a Debt-to-Income Ratio? Why is the 43% Debt-to-Income Ratio Important?", Agência de Proteção Financeira ao Consumidor (15 de novembro de 2019).

50. Bengen W. P., "Determining Withdrawal Rates Using Historical Data", *Journal of Financial Planning* 7:4 (1994), 171–182.

NOTAS

51. Kitces, Michael, "Why Most Retirees Never Spend Their Retirement Assets", Nerd's Eye View, Kitces.com (6 de julho de 2016).

52. Bengen, William, entrevista concedida a Michael Kitces, *Financial Advisor Success Podcast* (13 de outubro de 2020).

53. "Spending in Retirement", J. P. Morgan Asset Management (agosto de 2015).

54. Fisher, Jonathan D.; David S. Johnson, Joseph Marchand, Timothy M. Smeeding e Barbara Boyle Torrey, "The Retirement Consumption Conundrum: Evidence From a Consumption Survey", *Economics Letters* 99:3 (2008), 482–485.

55. Robin, Vicki; Joe Dominguez e Monique Tilford, *Your Money or Your Life: 9 Steps to Transforming Your Relationship with Money and Achieving Financial Independence* (Harmondsworth: Penguin, 2008).

56. Zelinski, Ernie J., *How to Retire Happy, Wild, and Free: Retirement Wisdom That You Won't* (Visions International Publishing: 2004).

57. O'Leary, Kevin, "Kevin O'Leary: Why Early Retirement Doesn't Work", vídeo do YouTube, 1:11 (20 de março de 2019).

58. Shapiro, Julian, "Personal Values", Julian.com.

59. Maggiulli, Nick, "If You Play With FIRE, Don't Get Burned", Of Dollars And Data (30 de março de 2021).

60. "Social Security Administration", Histórico da Previdência Social, ssa.gov.

61. Roser, M.; Ortiz-Ospina, E. e Ritchie, H., "Life Expectancy", ourworldindata.org (2013).

62. Hershfield, Hal E.; Daniel G. Goldstein, William F. Sharpe, Jesse Fox, Leo Yeykelis, Laura L. Carstensen e Jeremy N. Bailenson, "Increasing Saving Behavior Through Age-Progressed Renderings of the Future Self", *Journal of Marketing Research* 48 SPL (2011), S23–S37.

63. Fisher, Patti J. e Sophia Anong, "Relationship of Saving Motives to Saving Habits", *Journal of Financial Counseling and Planning* 23:1 (2012).

64. Colberg, Fran, "The Making of a Champion", Black Belt (abril de 1975).

65. Seigel, Jeremy J., *Stocks for the Long Run* (Nova York, NY: McGraw-Hill, 2020). Publicado no Brasil com o título *Investindo em Ações no Longo Prazo*.

CONTINUE A COMPRAR

66. Dimson, Elroy; Paul Marsh e Mike Staunton, *Triumph of the Optimists: 101 Years of Global Investment Returns* (Princeton, NJ: Princeton University Press, 2009).

67. Biggs, Barton, *Wealth, War and Wisdom* (Oxford: John Wiley & Sons, 2009).

68. Departamento do Tesouro dos EUA, Taxas Diárias da Curva de Rendimento do Tesouro (12 de fevereiro de 2021).

69. Asness, Clifford S., "My Top 10 Peeves", *Financial Analysts Journal* 70:1 (2014), 22–30.

70. Jay Girotto, entrevista concedida a Ted Seides, Capital Allocators, áudio de podcast (13 de outubro de 2019).

71. Beshore, Brent (@brentbeshore). 13:52. 12 dez. 18. Tuíte.

72. Wiltbank, Robert e Warren Boeker, "Returns To Angel Investors In Groups", SSRN.com (1º de novembro de 2007); e "Review of Research on the Historical Returns of the US Angel Market", Right Side Capital Management, LLC (2010).

73. "Who are American Angels? Wharton and Angel Capital Association Study Changes Perceptions About the Investors Behind U.S. Startup Economy", Angel Capital Association (27 de novembro de 2017).

74. Altman, Sam, "Upside Risk", SamAltman.com (25 de março de 2013).

75. Max, Tucker, "Why I Stopped Angel Investing (and You Should Never Start)", Observer.com (11 de agosto de 2015).

76. Wiltbank, Robert e Warren Boeker, "Returns To Angel Investors in Groups", SSRN.com (1º de novembro de 2007).

77. Frankl-Duval, Mischa e Lucy Harley-McKeown, "Investors in Search of Yield Turn to Music-Royalty Funds", *The Wall Street Journal* (22 de setembro de 2019).

78. SPIVA, spglobal.com (30 de junho de 2020).

79. Bessembinder, Hendrik, "Do Stocks Outperform Treasury Bills?", *Journal of Financial Economics* 129:3 (2018), 440–457.

80. West, Geoffrey B., *Scale: The Universal Laws of Life, Growth, and Death in Organisms, Cities, and Companies* (Harmondsworth: Penguin, 2017).

81. Kosowski, Robert; Allan Timmermann, Russ Wermers e Hal White, "Can Mutual Fund 'Stars' Really Pick Stocks? New Evidence from a Bootstrap Analysis", *The Journal of Finance* 61:6 (2006), 2551–2595.

NOTAS

82. "The Truth About Top-Performing Money Managers", Baird Asset Management, White Paper (2014).

83. Powell, R., "Bernstein: Free Trading is Like Giving Chainsaws to Toddlers", The Evidence-Based Investor (25 de março de 2021).

84. Stephens-Davidowitz, Seth, *Everybody Lies: Big Data, New Data, and What the Internet Can Tell Us About Who We Really Are* (Nova York, NY: HarperCollins, 2017). Publicado no Brasil com o título *Todo Mundo Mente: O que a internet e os dados dizem sobre quem realmente somos* (Editora Alta Books).

85. Rosling, Hans, *Factfulness* (Paris: Flammarion, 2019). Publicado no Brasil com o título *Factfulness: O hábito libertador de só ter opiniões baseadas em fatos.*

86. Buffett, Warren E., "Buy American. I Am", *The New York Times* (16 de outubro de 2008).

87. "Asset Allocation Survey", aaii.com (13 de março de 2021).

88. Esse é o resultado mediano de investir mensalmente em ações dos EUA por uma década de 1926 a 2020.

89. Para mais detalhes, consulte: ofdollarsanddata.com/in-defense-of-global-stocks.

90. Zax, David, "How Did Computers Uncover J.K. Rowling's Pseudonym?", Smithsonian Institution, Smithsonian.com (1º de março de 2014).

91. Hern, Alex, "Sales of 'The Cuckoo's Calling' surge by 150,000% after JK Rowling revealed as author", *New Statesman* (14 de julho de 2013).

92. Kitces, Michael, "Understanding Sequence of Return Risk & Safe Withdrawal Rates", Kitces.com (1º de outubro de 2014).

93. Frock, Roger, *Changing How the World Does Business: FedEx's Incredible Journey to Success – The Inside Story* (Oakland, CA: Berrett-Koehler Publishers, 2006).

94. Anarkulova, Aizhan; Scott Cederburg e Michael S. O'Doherty, "Stocks for the Long Run? Evidence from a Broad Sample of Developed Markets", ssrn.com (6 de maio de 2020).

95. Zilbering, Yan; Colleen M. Jaconetti e Francis M. Kinniry Jr., "Best Practices for Portfolio Rebalancing", Valley Forge, PA: The Vanguard Group.

96. Bernstein, William J., "The Rebalancing Bonus", www.efficientfrontier.com.

CONTINUE A COMPRAR

97. Brownlee, W. Elliot, *Federal Taxation in America* (Cambridge: Cambridge University Press, 2016).

98. Leonhardt, Megan, "Here's What the Average American Typically Pays in 401(k) Fees", CNBC (22 de julho de 2019).

99. Witt, April, "He Won Powerball's $314 Million Jackpot. It Ruined His Life", *The Washington Post* (23 de outubro de 2018).

100. Luce, Edward, "Lloyd Blankfien: 'I Might Find It Harder to Vote for Bernie than for Trump'", *Financial Times* (21 de fevereiro de 2020).

101. Saez, Emmanuel e Gabriel Zucman, "Wealth Inequality in the United States Since 1913: Evidence from Capitalized Income Tax Data", *The Quarterly Journal of Economics* 131:2 (2016), 519–578.

102. Karadja, Mounir; Johanna Mollerstrom e David Seim, "Richer (and Holier) Than Thou? The Effect of Relative Income Improvements on Demand for Redistribution", *Review of Economics and Statistics* 99:2 (2017), 201–212.

103. Jackson, Matthew O., *The Human Network: How Your Social Position Determines Your Power, Beliefs, and Behaviors* (Nova York, NY: Vintage, 2019).

104. "Global Wealth Report 2018", Credit Suisse (18 de outubro de 2018).

105. Petter Attia, "Reverse Engineered Approach to Human Longevity", vídeo do YouTube, 1:15:37 (25 de novembro de 2017).

106. Guvenen, Fatih; Fatih Karahan, Serdar Ozkan e Jae Song, "What Do Data on Millions of US Workers Reveal About Life-cycle Earnings Dynamics?", Staff Report 710 do FRB de Nova York (2015).

107. Schwandt, Hannes, "Human Wellbeing Follows a U-Shape over Age, and Unmet Aspirations Are the Cause", British Politics and Policy at LSE (7 de agosto de 2013).

108. Rauch, Jonathan, *The Happiness Curve: Why Life Gets Better After 50* (Nova York, NY: Thomas Dunne Books, 2018).

ÍNDICE

A

ações, 90, **110–113**, 255

    individuais, 131, 219

    natureza transitória dos mercados de, 134

    períodos de baixo desempenho, 133

    recuperação dos mercados de, 201

Airbnb, 118

alíquota(s), 224–225

alocação-alvo, 215

Altman, Sam, 124

aposentadoria, 20, 41, 87–96, 178, 224, 260

    adiar sua, 49

    estilo de vida na, **95**, 220

Aristóteles, 34

Armstrong, Jonny, 15

Asness, Cliff, 116

ativo(s)

    alocação ideal, 130

    de diversificação, 114

    de interseção, 92

    de risco, 114

    geradores de renda, 4, 31, 42, 110, 259

    investíveis, 11

    mix de, 209

    não geradores de renda, 129

    organização dos, 235–237

Attia, Peter, 249

Atwood, Roman, 3

B

Bachman, Richard, 171

Baird, estudo da, 136

Bengen, William, 88

Berkshire Hathaway, 3

Bernstein, Bill, 137

Bernstein, William, 7, 214

Beshore, Brent, 124

Bessembinder, Hendrik, 133

bet hedging, 56

Bezos, Jeff, 243

Biggs, Barton, 111

Bismarck, Otto von, 99

Blankfein, Lloyd, 243

Bogle, Jack, 7

Bond, Morgan, 16

Brown, Steve, 171

Buffett, Warren, 7, 141, 249

Buy & Hold, estratégia, 185

C

capital, 32, 105, 260

cartão de crédito, 19, 56

casa própria, 66–74, 259

ciclo Poupar-Investir, 9–11

compra(s)

Gradual, 144–146

Imediata, 144–149

na baixa, 157–169

periódicas, 203

Continue a Comprar, filosofia, 4, 110, 207

éthos central da, 168

regras da, 258

crise(s), 84

de mercado, 194, 261

existencial, 94

crowdsourcing, 120

Custo médio em dólar (DCA), 157–169

D

Dalio, Ray, 243

despesa de emergência, 63

devedores-poupadores, 57

Dimson, Elroy, 111

dinheiro, 36, 41

em espécie, 259

gastar, 29, 45

investível, 195

parado, 142, 155, 195

poder de compra do, 84

diploma, obtenção de um, 60–62

dívida(s), 56–64, 259

dividendos, 112, 233

Dominguez, Joe, 92

Dow Jones Industrial Average, 134, 142

drawdown, 183, 212

E

economia(s), 9, 17, 24, 51, 57, 258

Efeito Lindy, 127

empréstimo, custo de, 59

estratégia(s), 56, 157, 179

estresse, 18, 62, 258

expectativa(s), 9, 254–255

de vida, 100, 249

F

Fergusson, Adam, 103

financiamento imobiliário, 62, 66

ÍNDICE

fluxo de caixa, 58, 129

Franklin, Benjamin, 222

Frock, Roger, 181

G

Galbraith, Robert, 172

gasto(s), 24–29

  elevação de, 48

  fixos ou variáveis, 19

  revisão periódica de, 31

Geffen, David, 243

Girotto, Jay, 122

Gorbachev, Olga, 57

Griffen, Ken, 243

H

habilidade comercializável, 33

hierarquia corporativa, avançar na, 35

horizonte temporal, 82

I

iliquidez, prêmio de, 235

imóveis para investimento, 117–119

imposto(s), 27, 61, 67, 215

  de renda, 222–230

  momento de pagamento dos, 223

  proteger a renda dos, 236

  sobre ganhos de capital, 230

inação, risco e o custo da, 182

indicador de independência financeira, 92. *Consulte* Regra do Ponto de Interseção

inflação, 76, 88, 102–104, 116, 142

proteção contra a, 122. *Consulte* terras agrícolas

investidores, 41, 110–125, 174

investimento-anjo, 123

investimento(s), 35, 92, 140, 179, 258

  ano de nascimento, impacto no, 172

  dinheiro em espécie, 75

  em ações, 83

  em meio a um pânico financeiro, 194

  em títulos, 76

  maior demanda por, 100

  ponto de transição, 82

  retorno emocional sobre, 66

J

Jackson, Matthew, 244

Jay, Wally, 109

Johansson, Frans, 172

J.P. Morgan Asset Management, 90

K

King, Stephen, 171

Kitces, Michael, 88, 178

L

lei do estômago, 28

liquidez, 58, 111, 237

Luengo-Prado, María José, 57

M

Manjhi, Dashrath, 250

market timing, 143, 157

Marsh, Paul, 111

CONTINUE A COMPRAR

Max, Tucker, 125

medo de perder, 21, 207

metas, 29, 220

mídia financeira, 31

monetização, 128

movimento FIRE, 95

Munger, Charlie, 191

N

Neistat, Casey, 3

Nietzsche, Friedrich, 205

Northwestern Mutual, 18

O

O'Leary, Kevin, 94

Orman, Suzie, 41

P

pandemia, 115, 193

patrimônio líquido, 7, 72, 132, 245

percepção, 109, 129, 142, 197, 243

Pink, Daniel H., 44

poder de compra, 81, 102.
   Consulte inflação

portfólio, 8, 110, 150, 164, 209, 255

poupar, 17, 24, 75, 100, 168, 258

Previdência Social, 22, 89, 106

produtos próprios, 128–129

propósito, 37, 44, 95, 220

R

Rauch, Jonathan, 253

Real Estate Investment Trusts
   (REITs), 119–121

reequilíbrio, 209–217, 237

Regra 2x, 42, 53

Regra do Ponto de Interseção, 92

Regra dos 4%, 87

renda, 25, 34, 89, 101

   aumento de, 24, 48, 258

   familiar, volatilidade da, 16

   real, 244

   relação dívida/renda, 73

retorno(s)

   ajustados pela inflação, 178

   anuais futuros, 199

   anualizados, 31

   ao longo do tempo, 174, 211

Richardson, Jerry, 37

riqueza, 17, 21, 246, 261

   espectro da, 243

   maximizar a, 236

   preservação de, 100

risco, 77, 84, 214

   de sequência de retornos, 169, 176

   nível de, 150

   reduzir o, 58

Robin, Vicki, 92

Rosling, Hans, 140

Rothschild, Barão, 195

Rowling, J.K., 172

royalties, 126–127

S

Saez, Emmanuel, 243

Schwandt, Hannes, 253

Seder, Jeff, 139

Seigel, Jeremy, 111

ÍNDICE

sell-offs, 114

Shapiro, Julian, 95

Sharpe, William, 87

Shiller, Robert, 69

Siegel, Jeremy, 205

Smith, Fred, 181

S&P 500 (fundo de índice), 4, 70, 112, 135, 145, 173

spread de retorno anualizado, 173

Staunton, Mike, 111

Stephens-Davidowitz, Seth, 140

stock picking, 133–137

T

taxa(s), 49, 105, 233

tempo, 180

ativo mais importante, 255, 262

não é escalável, 32

otimizar o, 252

valor invisível do, 250

terras agrícolas, 122–123

títulos, 90, 113–117, 152

Total World Stock Index Fund, 112

tratamento fiscal dos resgates, 229

tributação, 222

U

Uber, 40

utilidade marginal decrescente, 28

V

valor

do trabalho, 95

escalável, criar, 35

presente, 105

temporal do dinheiro, 59

Vanderbilt, Cornelius "The Commodore", 47

Vanderbilt, William H., 47

Vaynerchuk, Gary, 41

vender

com base em níveis de preço, 218

devagar, 260

escolher quando, 207–208

volatilidade, 182, 214, 261

W

West, Geoffrey, 134

Whittaker, Jack, 239

Y

YCombinator, 124

Youngman, Henny, 102

Z

Zelinski, Ernie, 94

Zucman, Gabriel, 243

Este livro foi impresso nas oficinas gráficas da Editora Vozes Ltda.,
Rua Frei Luís, 100 – Petrópolis, RJ.